O mal-estar
na cultura

SIGMUND FREUD

O mal-estar na cultura

TRADUÇÃO
Maria Rita Salzano Moraes

autêntica  TEXTOS SINGULARES
NÃO FICÇÃO

Copyright desta edição © 2025 Autêntica Editora

Título original: *Das Unbehagen in der Kultur*

Todos os direitos reservados pela Autêntica Editora Ltda. Nenhuma parte desta publicação poderá ser reproduzida, seja por meios mecânicos, eletrônicos, seja via cópia xerográfica, sem a autorização prévia da Editora.

EDITORAS RESPONSÁVEIS
Rejane Dias
Cecília Martins

COORDENAÇÃO EDITORIAL
Gilson Iannini
Pedro Heliodoro Tavares

REVISÃO DA TRADUÇÃO
Pedro Heliodoro Tavares

REVISÃO
Aline Sobreira
Mariana Faria
Deborah Dietrich

CAPA
Diogo Droschi

DIAGRAMAÇÃO
Guilherme Fagundes

Dados Internacionais de Catalogação na Publicação (CIP)
Câmara Brasileira do Livro, SP, Brasil

Freud, Sigmund, 1856-1939
  O mal-estar na cultura / Sigmund Freud ; tradução Maria Rita Salzano Moraes ; apresentação Gilson Iannini e Pedro Heliodoro Tavares. -- 1. ed. -- Belo Horizonte, MG : Autêntica Editora, 2025. -- (Textos Singulares)

  Título original: Das Unbehagen in der Kultur
  ISBN 978-65-5928-384-2

  1. Psicanálise 2. Psicanálise e cultura 3. Psicologia social I. Tavares, Pedro Heliodoro. II. Iannini, Gilson. III. Título. IV. Série.

24-192233   CDD-150.195

Índices para catálogo sistemático:
1. Psicanálise : Psicologia 150.195
Aline Graziele Benitez - Bibliotecária - CRB-1/3129

 GRUPO **AUTÊNTICA**

Belo Horizonte
Rua Carlos Turner, 420
Silveira . 31140-520
Belo Horizonte . MG
Tel.: (55 31) 3465 4500
www.grupoautentica.com.br
SAC: atendimentoleitor@grupoautentica.com.br

São Paulo
Av. Paulista, 2.073 . Conjunto Nacional
Horsa I . Salas 404-406 . Bela Vista
01311-940 . São Paulo . SP
Tel.: (55 11) 3034 4468

7   **Apresentação**
    Gilson Iannini e
    Pedro Heliodoro Tavares

17   **O mal-estar na cultura**

121   **Glossário**

Apresentação

Gilson Iannini
Pedro Heliodoro Tavares

Um texto clássico é aquele que sobrevive não apenas ao tempo, deus que engole os próprios filhos, mas principalmente resiste ao que as leituras e os leitores fizeram dele ao longo do tempo. Um autor clássico é aquele que sobrevive à fúria de seus adversários, mas também ao fascínio de seus admiradores. *O mal-estar na cultura* permanece um monumento vivo, capaz de iluminar o nosso tempo presente. Sem ele, os séculos XX e XXI seriam, simplesmente, ilegíveis. O texto mais difundido, mais comentado e mais traduzido de Sigmund Freud é um daqueles poucos livros que já nasceram clássicos. Não por acaso, a categoria de "mal-estar" espraiou-se pela cultura de uma maneira sem precedentes. Para medir seu alcance, basta elencar alguns títulos que fizeram dela o centro de análises nos mais diversos domínios: *Mal-estar na modernidade*; *O mal-estar da pós-modernidade*; *Mal-estar na democracia*; *Mal-estar na estética*; *Mal-estar no trabalho*; *Mal-estar na maternidade*, *Mal-estar na educação*, etc. Escrito em 1929, mas publicado em 1930, *O mal-estar na cultura* retoma e aprofunda um *topos* central do pensamento de Freud: a vida social se funda numa espécie de renúncia, ou, mais precisamente, no impedimento da satisfação pulsional. O saldo subjetivo dessa renúncia é a perene sensação de que a felicidade nos escapa quanto mais a procuramos desenfreadamente, como a areia da praia escapa de nossos dedos quanto mais forte apertamos. Apesar de todas as técnicas, de todas as ilusões, de todos os métodos e subterfúgios que os indivíduos e as sociedades inventam para tornar a renúncia suportável, há ainda um resto que perturba a equação e torna o mal-estar incontornável. Numa primeira camada da reflexão, o cimento da vida social é construído a partir dos impedimentos infligidos à vida sexual. A energia necessária para a constituição de laços sociais é retirada da inibição do curso de Eros: a libido é canalizada para fins não-sexuais. Mas essa drenagem não é suficiente.

Freud acrescenta então um fator desestabilizador desse arranjo. Ao contrário de sociedades animais como a das abelhas, das térmitas e dos cupins, que, no curso de sua evolução, fixaram as funções de cada indivíduo, alcançando uma espécie de equilíbrio social, as sociedades humanas são fundamental e estruturalmente desequilibradas. Entra em cena a pulsão de morte: quanto mais uma sociedade se consolida, quanto menos uma comunidade tem necessidade de se afirmar contra obstáculos exteriores, mais a agressividade que articulava contra aqueles obstáculos se volta contra o próprio indivíduo. A partir de então, o antagonismo não se reduz apenas ao conflito entre pulsões sexuais e moral cultural, mas se redobra na oposição entre Eros e pulsão de morte. Sem essa camada de reflexão – sobre a face obscura do gozo, sobre as exigências obscenas do Supereu – não é possível compreender como sociedades que se autorrepresentam como hedonistas e permissivas não conseguiram promover a felicidade pessoal ou eliminar o sofrimento neurótico. Ao contrário. Os novos sintomas estão aí, ao lado dos velhos, para nos mostrar isso. Na verdade, não lemos *O mal-estar na cultura*; é ele que nos lê.

Contexto imediato

O mal-estar na cultura faz parte dos textos de Freud dedicados a compreender fenômenos culturais, sociais e religiosos à luz dos conceitos psicanalíticos e da experiência subjetiva desses fenômenos. O ponto de partida do texto é uma troca de cartas com o escritor francês Romain Rolland. Como muitas pessoas daquela época – e também da atualidade –, Rolland podia concordar com a crítica feroz de Freud às religiões instituídas, mas buscava salvar o sentimento subjetivo de conexão espiritual com o divino impessoal. Podemos chamar isso de ligação com o cosmos, com o eterno, com o absoluto ou com uma energia. A carta de 5 de dezembro de 1927 é o ponto de partida deste ensaio que é considerado, por muitos, a melhor realização literária do psicanalista. Referindo-se a Ramakrishna, influente líder religioso hindu do século XIX, mas baseando-se igualmente em sua própria experiência, o escritor não apenas inspira, mas, de certo modo, desafia Freud: "Eu adoraria que o senhor fizesse uma análise do sentimento religioso espontâneo, ou, mais exatamente, da sensação religiosa que é [...] o fato simples e direto da sensação do Eterno (que pode muito bem não ser eterno, mas simplesmente sem limites perceptíveis, como que oceânico)". A resposta vem em 14 de julho de 1929: "Sua carta de 5 de dezembro de 1927 contendo suas observações sobre o sentimento que você descreve como 'oceânico' não me deixou em paz. Acontece que no novo trabalho, ainda incompleto, que tenho diante de mim, tomo essa observação como ponto de partida; menciono esse sentimento 'oceânico' e tento interpretá-lo do ponto de vista de nossa psicologia. O ensaio aborda outros assuntos, lida com a felicidade, a cultura e o sentimento de culpa; não menciono seu nome, mas mesmo assim deixo pistas que levam a você. Caso você tenha alguma reserva sobre minha citação dessa observação, peço que me previna". Poucos dias depois, Freud recebe a autorização e agradece. Em sua resposta, felicita Rolland pela publicação de suas brochuras sobre as vidas de Ramakrishna e de Vivekananda, mas acrescenta: "não espere nenhuma apreciação do sentimento 'oceânico'. Eu busco apenas, graças a uma derivação analítica, descartá-lo, por assim dizer, de meu caminho". E completa dizendo que a música e a mística, especialidades de seu interlocutor francês, eram mundos completamente estranhos a ele.

Da felicidade ao mal-estar

O presente ensaio havia sido inicialmente intitulado *A felicidade na cultura* (*Das Glück in der Kultur*). Mais tarde, Freud teria riscado esse título e substituído por *A infelicidade na cultura* (*Das Unglück in der Kultur*). O título definitivo será fixado depois de o Manuscrito ter sido entregue à editora, pouco antes da impressão. O psicanalista alemão Max Eitingon recebe uma cópia deste como presente de Natal, o que nos dá uma ideia da cronologia da escrita. Extratos dos capítulos 1 ("O sentimento oceânico") e do capítulo 5 ("Amor ao próximo e pulsão de agressão") foram publicados separadamente na revista *Psychoanalytische Bewegung* [Movimento psicanalítico], respectivamente, no volume 1, número 4 (novembro-dezembro de 1929) e 2, número 1 (janeiro-fevereiro de 1930). Na edição de 1931, foram incluídas algumas notas e uma frase final, que faz pender o tom do texto para uma conclusão mais sombria do que a publicada originalmente em 1930. A frase acrescentada na segunda edição é a seguinte: "Mas quem pode prever o êxito e o desfecho?" (neste volume, p. 120). O que teria ocorrido entre a primeira e a segunda edições, para que Freud acrescentasse essa frase mais sombria, quando a conclusão da primeira edição acenava para a força de Eros? Não é possível saber ao certo. O que sabemos é que, nesse curto intervalo de tempo, o nazismo teve suas primeiras vitórias eleitorais expressivas. Coincidência? Freud dizia não acreditar nelas.

Cultura e civilização

Sobre a tradução do título, é preciso fazer pelo menos duas considerações. Primeiramente, a controvérsia acerca de "cultura" ou "civilização" para verter "*Kultur*" ultrapassa em muito uma mera questão terminológica. Tem consequências teóricas e políticas maiores.[1] Em linhas gerais, poderíamos dizer que não é possível entender a recusa freudiana da distinção conceitual dos termos *Kultur* e *Zivilisation* sem levar em consideração a instrumentalização que, em torno de 1914, ganhou ares de propaganda nos países de língua alemã. Àquela altura, *Zivilisation* designava o mundo franco-inglês, utilitarista, caracterizado pelo domínio da técnica, da economia e da política, ao passo que *Kultur* remeteria ao conjunto dos altos valores espirituais germânicos, ligados às artes e às ideias, cujas finalidades seriam irredutíveis à natureza e ao reino dos fins. É a instrumentalização desse antagonismo que Freud recusa. Vale lembrar ainda que uma rápida pesquisa na versão digital das *Obras reunidas* em alemão atesta perto de 800 ocorrências textuais de *Kultur*, ao passo que as ocorrências de *Zivilisation* se contam nos dedos.

---

[1] Para uma discussão detalhada desse ponto, ver os textos introdutórios do volume *Cultura, sociedade, religião: O mal-estar na cultura e outros escritos,* da coleção Obras Incompletas de Sigmund Freud (Autêntica, 2020).

Recusar a dicotomia *Zivilisation/Kultur* é recusar o *pathos* nacionalista germânico que serviria de combustível ao conflito de 1914 e que seria novamente mobilizado na espiral de violência do III Reich. Do ponto de vista histórico, o psicanalista coloca-se como crítico da guerra, sem, contudo, esposar um pacifismo ingênuo. O *pathos* ligado a valores de uma *cultura sem civilização* pode reacender os piores fantasmas. Quando recusa a distinção entre os termos, Freud defende, ipso facto, uma *cultura civilizada*, digamos assim. Não se trata, pois, de um erudito problema de tradução ou de uma escolha entre sinônimos. Se levarmos em consideração as narrativas e o imaginário social da época, a recusa de Freud pode ser vista como uma tomada de posição.

Com efeito, Freud não se deixa seduzir nem pela exclusiva aptidão alemã para a cultura, tampouco pela alegada universalidade abstrata da palavra "civilização". Ele sabe, mais do que ninguém, que fortes interesses nada universais, quer dizer, nacionais, se imiscuem e se dissimulam também sob a máscara da civilização. Isso nos leva diretamente ao segundo aspecto de nossa hipótese. Sabemos da relativa desconfiança de Freud acerca de discussões filosóficas e sua predileção por referências científicas. Sabemos também de sua paixão por antropologia. A etnologia, mesmo em sua vertente evolucionista predominante no século XIX e início do XX, não costuma acentuar distinções do tipo cultura e civilização, pelo menos não no sentido filosófico acima discutido. Em alguns casos, como o do antropólogo britânico Edward Burnett Tylor (1832-1917), é estabelecida uma equivalência explícita entre os dois termos. Ora, relativamente cedo, Freud leu *Primitive culture: researches into the development of mythology, philosophy, religion, art, and custom*. Há traços desta leitura em *A interpretação do sonho* (1900) e em *Totem e tabu* (1913). Por que essa informação é relevante? Tylor apresenta, ainda no século XIX, uma concepção de cultura *equivalente* à civilização. Em que medida a perspectiva etnológica teria vacinado Freud quanto a estéreis debates terminológicos não sabemos com certeza. O que sabemos é que Tylor (1871, v. 1, p. 1) define cultura do seguinte modo: "cultura ou civilização, tomada em seu amplo sentido etnográfico, é todo o complexo que inclui conhecimento, crença, arte, moral, direito, costumes e quaisquer outras capacidades e hábitos adquiridos pelo homem como membro da sociedade". Nesse sentido, a definição de Tylor engloba aproximadamente aspectos ligados tanto à *Kultur* quanto à *Zivilisation*. Fenômeno similar ocorre em outras escolas de etnologia, por exemplo com Marcel Mauss e Émile Durkheim. Se assim for, estaríamos diante de um Freud muito mais próximo da etnografia do que da abstrata filosofia alemã. Se essa hipótese estiver correta, Freud recusa o antagonismo porque adota um conceito etnográfico – e não filosófico ou literário – de cultura. De todo modo, é preciso salientar que o que importa mais não é o termo empregado para traduzir *Kultur*, mas o sentido que o próprio texto freudiano engendra. O sentido de cultura e de civilização deve, portanto, emergir do próprio ato de leitura.

Finalmente, ainda sobre a tradução, vale indicar que, quanto ao vocábulo "*Unbehagen*" (traduzido em francês por "*Malaise*", em espanhol por "*malestar*" e em inglês por "*discontents*"), trata-se de uma palavra que evoca, além de mal-estar, acepções vizinhas, como desconforto ou desassossego. O adjetivo "*behagen*" tem o sentido de "agradável"; o verbo "*behagen*", quer dizer agradar, satisfazer; e o substantivo "*Behagen*" evoca agrado, deleite, satisfação. Christian Dunker (2015) explica que "*behagen*" deriva do radical "*Hag*" (bosque, clareira, mata), evocando um local propício à estadia, ao estar. Nesse sentido, sugere que devemos compreender "*Unbehagen*" como uma oposição não exatamente ao "bem-estar", mas ao próprio "estar".

Recepção

A recepção de *O mal-estar na cultura* é de tal envergadura que não poderia ser resumida numa nota, exigiria antes um verdadeiro compêndio. Muitos psicanalistas trataram o texto inicialmente como uma "obra sociológica", querendo, com isso, mitigar seu valor "psicanalítico".

Seria difícil, contudo, não mencionar pelo menos alguns nomes próprios nessa lista de leitores imediatos. Em grande medida, o legado de *O mal-estar* figurou como um dos campos mais disputados entre diferentes correntes do freudismo. Revisionistas ou revolucionários, a disputa acirrou-se desde bastante cedo. Já em 1936, *A revolução sexual* (no original *Die Sexualität im Kulturkampf*, literalmente *A sexualidade na batalha cultural*), de Wilhelm Reich, marcaria a recepção da psicanálise ao denunciar supostas dívidas dela com a classe burguesa e com o patriarcado. Por seu turno, Herbert Marcuse, em 1955, publicou seu célebre *Eros e Civilização,* cujo título alude diretamente à fórmula inglesa do título *Civilization and its discontents*. Buscando uma síntese entre Freud e Marx, Marcuse propõe elementos para a construção de uma sociedade não-repressiva. O texto seminal de Freud é referência constante na obra de Adorno, desde os seus primeiros escritos. Recobre domínios tão variados como a psicologia social do preconceito, a musicologia, a crítica cultural, a educação e a reflexão metateórica sobre as ciências humanas. Ponto crucial nessa recepção é a *Dialética do esclarecimento,* escrita com Max Horkheimer. O recurso ao *O mal-estar* permite descobrir sob a própria razão um fundo obscuro e inassimilável de violência e de irracionalidade. A relação interna entre *Kultur* e violência regressiva é lida por Adorno e Horkheimer no registro de uma dialética de mito e esclarecimento, natureza e história, pulsão pré-individual e cultura que balizará parte importante do que Adorno escreveu sobre as relações entre indivíduo, psicologia e sociedade.

Um ponto de inflexão na recepção do ensaio é o *Seminário* de 1959-1960, *A ética da Psicanálise,* de Jacques Lacan, que aborda *O mal-estar* como a "síntese" da experiência freudiana, repondo o ensaio de Freud dentro do cânone da psicanálise, numa época em que parte dos psicanalistas considerava o ensaio desprovido de interesse clínico ou metapsicológico. O deslocamento proposto do plano sociológico para o horizonte da ética da psicanálise teve ampla repercussão. Não podemos perder de vista que "a psicologia individual é também, de início, simultaneamente psicologia social".[2]

---

[2] Freud, *op. cit.,* p. 137.

Das Unbehagen in der Kultur (1930)

1930 Primeira publicação: *Internationaler Psychoanalytischer Verlag*
1934 *Gesammelte Schriften*, t. XII, p. 29-114
1944 *Gesammelte Werke*, t. XIV, p. 421-506

O mal-estar na cultura

I

Não podemos conter a impressão de que as pessoas comumente usam falsos critérios, que anseiam para si e admiram nos outros o poder, o sucesso e a riqueza, mas que subestimam os verdadeiros valores da vida. E, no entanto, em cada julgamento genérico como esse corremos o risco de esquecer a diversidade do mundo humano e de sua vida anímica. Existem certos homens que não deixam de ser admirados por seus contemporâneos, embora a sua grandeza esteja em qualidades e realizações que são totalmente estranhas às metas e aos ideais da multidão. Tendemos facilmente a supor, afinal, que apenas uma minoria reconhece esses grandes homens, enquanto a grande maioria não quer saber nada a respeito deles. Mas isso não poderia acontecer de maneira tão simples, graças às incongruências entre o pensamento e a ação dos seres humanos e à polifonia de suas moções de desejo.

Um desses homens excepcionais designa-se como meu amigo em suas cartas. Eu lhe enviei meu pequeno escrito, que trata a religião como ilusão, e ele respondeu que estava inteiramente de acordo com o meu julgamento sobre a religião, mas que lamentava que eu não tivesse considerado a verdadeira fonte da religiosidade. Esta seria um sentimento especial que ele mesmo nunca abandonou, que ele encontrou confirmado por muitos outros e que ele teria o direito de o pressupor em milhões de seres humanos. Um sentimento que ele gostaria de chamar de sensação de "eternidade", um sentimento como o de alguma coisa sem fronteiras, sem barreiras, "oceânico", por assim dizer. Esse sentimento seria um fato puramente subjetivo e não um artigo de fé; nenhuma garantia de continuidade pessoal estaria ligada a ele, mas ele seria a fonte da energia religiosa tomada pelas diversas igrejas e sistemas de religião, orientada por determinados canais, e certamente até mesmo neles dissipada. Só em razão desse sentimento oceânico teríamos o direito de nos chamar de religiosos, mesmo se rejeitarmos qualquer crença e qualquer ilusão.

Essa declaração de meu prezado amigo, que um dia até mesmo reconheceu poeticamente a magia da ilusão, não me trouxe poucas dificuldades.[1] Eu mesmo não consigo encontrar esse sentimento "oceânico" em mim. Não é confortável abordar sentimentos de maneira científica. Podemos tentar descrever seus indícios fisiológicos. Quando isso não é possível – temo que o sentimento oceânico também tenha de se furtar a uma caracterização como essa –, é evidente que não nos resta nada além de nos atermos ao conteúdo de representação que melhor ligar-se associativamente ao sentimento. Se entendi corretamente o meu amigo, então ele está querendo dizer a mesma coisa que um poeta original e bastante singular

---

[1] *Liluli*, 1923 – Desde a publicação dos dois livros *La Vie de Ramakrishna* e *La Vie de Vivekananda* (1930), eu não preciso mais esconder que o amigo mencionado no texto é Romain Rolland.

oferece ao seu herói como consolo diante da morte que este escolheu livremente: "Não podemos cair fora deste mundo".[2] Portanto, um sentimento de ligação indissolúvel e um pertencimento à totalidade do mundo exterior. Gostaria de dizer que, para mim, isso tem muito mais o caráter de uma visão intelectual, e é claro que não sem estar acompanhada de um matiz afetivo, aliás, da mesma forma como ele também não faltará em outros atos de pensamento de magnitude semelhante. Quanto a mim, eu não poderia me convencer da natureza primária de um sentimento como esse. Mas nem por isso autorizo-me a contestar a sua presença efetiva em outros. A única questão é saber se ele foi interpretado corretamente e se deve ser reconhecido como "*fons et origo*" [fonte e origem] de todas as necessidades religiosas.

Não tenho nada a apresentar que possa influenciar decisivamente a solução desse problema. A ideia de que o ser humano deteria o conhecimento de sua ligação com o mundo que o cerca por meio de um sentimento imediato que, desde o início, teria sido orientado nessa direção soa tão estranha, ajusta-se tão mal à trama da nossa psicologia, que temos o direito de tentar propor uma explicação psicanalítica, isto é, genética de um sentimento como esse. É colocada, então, à nossa disposição a seguinte linha de pensamento: normalmente, nada nos é mais seguro do que o sentimento que temos de nós mesmos, de nosso próprio Eu. Esse Eu aparece para nós como autônomo, unitário, bem posicionado em relação a todo o resto. Que essa

---

[2] Christian Grabbe, *Hannibal*: "Com certeza não cairemos para fora deste mundo. Simplesmente estamos nele" [*Ja, aus diesem Welt werden wir nicht fallen. Wir sind einmal darin*].

aparência seja um engodo, que o Eu, pelo contrário, sem fronteira nítida, tenha continuidade para dentro em uma entidade anímica inconsciente que chamamos de Isso, ao qual, por assim dizer, serve de fachada, isso foi o que somente nos foi ensinado pela investigação psicanalítica, que nos deve ainda muitas informações sobre a relação do Eu com o Isso. Mas, ao menos para fora, o Eu parece manter linhas de fronteira claras e nítidas. Apenas em um estado, na verdade, em um estado extraordinário, que, no entanto, não podemos condenar como doentio, isso é diferente. No auge do enamoramento, a fronteira entre o Eu e o objeto ameaça se sobrepor. Contrariamente a todos os testemunhos dos sentidos, aquele que está enamorado afirma que Eu e Tu são um, e está pronto a se portar como se isso fosse dessa forma. Algo que provisoriamente pode ser suspenso por uma função fisiológica naturalmente também deve poder ser perturbado por processos mórbidos. A Patologia nos faz conhecer um grande número de estados nos quais a delimitação do Eu com o mundo exterior torna-se incerta ou os limites são traçados de maneira realmente incorreta; casos em que partes do próprio corpo, e mesmo aspectos da própria vida anímica – percepções, pensamentos, sentimentos –, aparecem como estranhos e não pertencentes ao Eu; e outros nos quais atribuímos ao mundo exterior aquilo que claramente surgiu no Eu e que deveria ser reconhecido por ele. Logo, também o sentimento do Eu [*Ichgefühl*] está submetido a perturbações, e as fronteiras do Eu não são estáveis.

Outra reflexão diz: esse sentimento do Eu do adulto não pode ter sido assim desde o início. Ele precisa ter passado por um desenvolvimento que não pode ser demonstrado compreensivelmente, mas que se pode construir com certa probabilidade.[3] O lactente ainda não diferencia seu Eu de um mundo externo como fonte das sensações que afluem sobre ele. Ele aprende a fazê-lo pouco a pouco, a partir de diversos estímulos. O que deve necessariamente lhe causar a mais forte impressão é que algumas das fontes de excitação, nas quais posteriormente ele reconhecerá seus órgãos corporais, podem, a qualquer momento, enviar-lhe sensações, enquanto outras, às vezes, são-lhe retiradas – entre elas, a mais cobiçada: o seio materno – e que só serão recuperadas com um grito que pede socorro. Com isso, inicialmente se opõe ao Eu um "objeto" como algo que se encontra "fora" e que só através de uma ação específica particular é forçado a aparecer. Outro impulso para que o Eu se desprenda da massa de sensações, portanto, para o reconhecimento de um "fora", de um mundo exterior, é dado pelas frequentes, múltiplas e inevitáveis sensações de dor e de desprazer, que o princípio de prazer, irrestritamente dominante, busca suspender e evitar. Surge a tendência de que tudo o que possa se tornar fonte de tal desprazer seja isolado pelo Eu, seja jogado para fora, para formar um puro Eu-de-prazer [*Lust-Ich*], ao qual se contrapõe um fora alheio e ameaçador. As fronteiras desse Eu-de-prazer primitivo não podem escapar da retificação pela experiência. Certas coisas que são prazerosas e por isso não se gostaria de abandonar não fazem parte do Eu, são objeto, e algo do tormento de que se quer livrar revela-se, no entanto, como inseparável do Eu, como sendo de procedência interna. Aprendemos um

---

[3] Ver os numerosos trabalhos sobre o desenvolvimento do Eu e o sentimento de Eu de Ferenczi, *Estágios de desenvolvimento do sentido de realidade* [*Entwicklungsstufen des Wirklichkeitssinnes*] (1923), até P. Federn, 1926, 1927 e anos seguintes.

procedimento que consiste em poder distinguir, através do direcionamento intencional da atividade sensorial e da ação muscular adequada, aquilo que é interno – que pertence ao Eu – do que é externo – proveniente de um mundo exterior, e, com isso, damos o primeiro passo em direção à instauração do princípio de realidade, que deve dominar o desenvolvimento posterior. Essa distinção serve naturalmente ao propósito prático de se defender das sensações de desprazer percebidas e daquelas que ameaçam. Que o Eu, para se defender de certas excitações desprazerosas provenientes de seu interior, não utilize outros métodos além daqueles dos quais ele se serve contra o desprazer vindo de fora será, então, o ponto de partida de importantes distúrbios patológicos.

É dessa maneira, portanto, que o Eu se separa do mundo exterior. Melhor dizendo: originariamente o Eu contém tudo; mais tarde, ele separa de si um mundo exterior. Portanto, nosso atual sentimento de Eu é apenas um resto atrofiado de um sentimento muito mais abrangente, na verdade – de um sentimento que tudo abrangia e que correspondia a uma ligação mais íntima do Eu com o mundo ao seu redor. Se nos for permitido supor que esse sentimento primário do Eu – em maior ou menor medida – conservou-se na vida anímica de muitos seres humanos, então ele se colocaria, como uma espécie de contraparte, ao lado do sentimento de Eu da maturidade, mais restrita e claramente delimitado, e os conteúdos representacionais adequados a ele seriam justamente aqueles de um caráter ilimitado e de uma ligação com o todo, os mesmos com os quais o meu amigo explicou o sentimento "oceânico". Mas temos o direito de supor a sobrevivência daquilo que é originário ao lado do que é posterior, que dele se originou?

Sem dúvida; um acontecimento como esse não é estranho nem ao que é anímico nem a outros domínios. No caso dos animais, insistimos firmemente na suposição de que as espécies de desenvolvimento superior provêm das menos desenvolvidas e, no entanto, encontramos ainda hoje todas as formas simples de vida entre os seres vivos. Os grandes sáurios se extinguiram e deram lugar aos mamíferos, mas um legítimo representante dessa família, o crocodilo, ainda vive conosco. Essa analogia pode estar talvez muito distante e também pecar pelo fato de que as espécies inferiores sobreviventes não são mais, em sua maioria, os legítimos ancestrais das espécies contemporâneas de desenvolvimento superior. De maneira geral, os elos intermediários se extinguiram e só são conhecidos através de reconstrução. No âmbito anímico, ao contrário, a preservação do que é primitivo ao lado do que dele surgiu por transformação é tão frequente que é desnecessário prová-lo com exemplos. Quase sempre esse acontecimento é consequência de uma cisão no desenvolvimento. Uma parcela quantitativa de uma atitude, de uma moção pulsional, permaneceu inalterada, e a outra continuou seu desenvolvimento.

Com isso tocamos no problema mais geral da conservação no psíquico, que ainda quase não recebeu elaboração, mas que é tão estimulante e importante que temos o direito de lhe dedicar um momento de atenção, mesmo que o motivo seja insuficiente. Desde que superamos o erro de crer que o esquecimento comum para nós significa uma destruição do traço mnêmico, logo, uma aniquilação, tendemos à suposição oposta, de que, na vida anímica, nada do que foi uma vez formado pode perecer, de que tudo fica conservado de alguma maneira e que, em circunstâncias apropriadas, por exemplo, através de uma regressão de alcance suficiente, pode ser trazido de novo à luz. Tentemos esclarecer o conteúdo dessa suposição, através de uma comparação extraída de outra área. Aproveitemos, talvez, o desenvolvimento da Cidade Eterna como exemplo.[4] Os historiadores nos ensinam que a Roma mais antiga foi a Roma Quadrata, um assentamento cercado sobre o Palatino. Depois se seguiu a fase do Septimontium, uma união das colônias situadas sobre as diversas colinas; em seguida, a cidade que foi cercada pela muralha de Sérvio Túlio, e ainda mais tarde, após todas as transformações do período republicano e do primeiro período dos Césares, a cidade que o imperador Aureliano cercou com as suas muralhas.[5] Mas não queremos seguir adiante com as transformações da cidade, e sim perguntar o que um visitante, que pensamos estar munido dos mais completos conhecimentos históricos e topográficos, pode ainda encontrar desses primeiros estágios na Roma de hoje. A muralha Aureliana, salvo por algumas rupturas, ele verá quase que inalterada. Em alguns lugares, ele poderá encontrar trechos do muro de Sérvio trazidos à luz pelas escavações. Se ele souber o suficiente – mais do que a arqueologia atual –, talvez possa traçar no mapa da cidade toda a evolução dessa muralha e o contorno da Roma Quadrata. Dos prédios que algum dia ocuparam esses antigos contornos ele não encontrará nada ou restos escassos, pois eles não mais existem. O máximo que o melhor conhecimento da Roma da República poderia lhe proporcionar seria que ele soubesse indicar os lugares

---

[4] De acordo com *The Cambridge Ancient History*, t. VII, 1928. "The founding of Rome", por Hugh Last.

[5] As datas falam por si. Sérvio Túlio viveu no século VI a.C.; Aureliano governou o Império de Roma entre os anos 270 e 275 d.C. (N.E.)

em que os templos e prédios públicos dessa época estavam localizados. O que agora ocupa esses lugares são ruínas, mas não ruínas deles próprios, e sim de suas renovações de épocas posteriores, após incêndios e destruições. Não é preciso dizer especificamente que todos esses resquícios da Roma antiga aparecem dispersos no emaranhado de uma grande cidade dos últimos séculos, desde a Renascença. Muito do que era antigo certamente ainda está enterrado no solo da cidade ou sob os seus modernos edifícios. Esse é o tipo de conservação do passado com o qual nos deparamos em locais históricos como Roma.

Façamos agora a fantástica suposição de que Roma não seja uma morada humana, mas um ser psíquico com um passado igualmente longo e rico, no qual, portanto, nada do que uma vez aconteceu tenha perecido, no qual, ao lado da última fase de desenvolvimento, subsistam também ainda todas as fases anteriores. Isso significaria para Roma, portanto, que sobre o Palatino ainda estariam se elevando à sua antiga altura os palácios imperiais e o Septizonium de Sétimo Severo, e que o castelo de Santo Ângelo ainda estaria exibindo em suas ameias as belas estátuas com as quais ele esteve adornado até o cerco dos godos, etc. Mas ainda há mais: no lugar do Palazzo[6] Caffarelli estaria novamente, sem que precisássemos derrubar esse edifício, o templo de

---

[6] Mais uma vez, os grandes hiatos temporais são determinantes para ler a analogia proposta por Freud. Com efeito, o Palazzo Caffarelli é uma construção iniciada em 1538, após a demolição do Templo de Júpiter Capitolino, cuja primeira construção remonta à fundação da República romana, no século V a.C. O sítio tem especial interesse arqueológico, na medida em que o Templo foi construído e reconstruído diversas vezes ao longo dos séculos, em geral por cima das mesmas fundações. (N.E.)

Júpiter Capitolino, e, na verdade, não apenas em sua última configuração, como o viram os romanos do período imperial, mas também em sua forma mais antiga, quando ele ainda apresentava formas etruscas e era ornamentado com antefixas de terracota. Onde agora está o Coliseu podemos admirar também a desaparecida Domus Áurea de Nero; na Praça do Panteão [Piazza della Rotonda], não encontraríamos apenas o Panteão atual, tal como nos foi deixado por Adriano, mas, no mesmo terreno, também a construção original de Agripa; além disso, o mesmo solo suportaria a Igreja Maria Sopra Minerva e o antigo templo, sobre o qual ela foi construída. E então, seria preciso apenas uma alteração na direção do olhar ou na posição, por parte do observador, para obter uma visão ou outra.

É claro que não faz sentido continuar com essa fantasia; ela leva ao irrepresentável e mesmo ao absurdo. Se quisermos expor a sucessão histórica de maneira espacial, isso só pode acontecer através da colocação lado a lado no espaço; o mesmo espaço não tolera duas formas de preenchimento. Nossa tentativa parece ser uma brincadeira inútil; ela só tem uma justificativa: mostra-nos como estamos distantes de dar conta das singularidades da vida anímica por meio de uma exposição visual.

Devemos ainda nos posicionar a respeito de uma objeção. Ela indaga por que escolhemos precisamente o passado de uma cidade para compará-lo com o passado anímico. A suposição da conservação de tudo o que passou também vale para a vida anímica, mas só sob a condição de que o órgão da psique tenha permanecido intacto e de que seu tecido não tenha sofrido trauma ou inflamação. Efeitos destrutivos que pudessem ser equiparados a essas causas de adoecimento não faltam, no entanto, na história de nenhuma cidade, mesmo que ela tenha tido um passado menos agitado que Roma, mesmo que ela, como Londres, quase nunca tenha sido assolada por um inimigo. O desenvolvimento mais pacífico de uma cidade inclui demolições e substituições de construções, e é por isso que a cidade é, de antemão, inapropriada para essa comparação com um organismo anímico.

Cedemos a essa objeção, renunciando a um efeito impactante de contraste, e voltamo-nos para um objeto de comparação pelo menos mais próximo, como o corpo animal ou o humano. Mas aqui também encontramos a mesma situação. As fases mais remotas do desenvolvimento não são mais conservadas em nenhum sentido, elas foram absorvidas pelas fases posteriores, às quais forneceram o material. Não se consegue encontrar o embrião no adulto, a glândula timo que a criança possuía é substituída depois da puberdade pelo tecido conjuntivo, mas ela mesma não está mais presente; nos ossos longos do homem adulto eu posso certamente traçar o contorno do osso infantil, embora ele mesmo tenha desaparecido, na medida em que se alongou e se espessou até atingir a sua forma definitiva. O que fica nesse caso é que uma conservação como essa de todos os estágios preliminares ao lado da configuração final só é possível no anímico, e que não estamos em condições de representar visualmente esse acontecimento claro.

Talvez tenhamos ido longe demais com essa suposição. Talvez devêssemos nos contentar em afirmar que aquilo que passou *pode* ficar conservado na vida anímica e não precisa, *necessariamente*, ser destruído. Em todo caso, é possível, que também no psíquico, algo do que é antigo – dentro da norma ou como exceção – esteja apagado ou absorvido de tal forma que não possa mais ser restabelecido ou reanimado por nenhum processo, ou que a conservação esteja ligada, de modo geral, a determinadas condições favoráveis. É possível, mas nada sabemos sobre isso. Podemos apenas insistir firmemente no fato de que, na vida anímica, a conservação daquilo que é passado é antes a regra do que a estranha exceção.

Se estivermos, então, absolutamente dispostos a reconhecer que existiria um sentimento "oceânico" em muitas pessoas, e fôssemos inclinados a fazê-lo remontar a uma fase precoce do sentimento do Eu, surge a próxima questão, que é a de saber que direito tem esse sentimento de ser visto como a fonte das necessidades [*Bedürnisse*][7] religiosas.

A mim, esse direito não parece imperioso. Pois, afinal, um sentimento só pode ser uma fonte de energia quando ele próprio for a expressão de uma intensa necessidade. Para as necessidades religiosas, a derivação a partir do desamparo infantil e do anseio que este desperta pelo pai não me parece ser irrefutável, tanto mais que esse sentimento não constitui um simples prolongamento da vida infantil, mas é continuamente conservado pelo medo do poder superior do destino. Eu não saberia indicar uma necessidade tão intensa proveniente da infância quanto a de proteção paterna. Com isso, o papel do sentimento oceânico, que poderia de alguma forma aspirar ao restabelecimento do narcisismo ilimitado, é forçado a sair do primeiro plano. A origem da atitude religiosa pode ser rastreada por linhas claras até o sentimento de desamparo

---

[7] Costuma-se traduzir tanto a palavra *Bedürfnis* quanto *Notwendigkeit* por "necessidade" em português. Cabe aqui, porém, uma ressalva. Enquanto em *Notwendigkeit* trata-se de uma necessidade vital ou material inequívoca e impessoal como a fome, a sede e o sono, *Bedürfnis* remete a uma forma extrema de urgência ou premência, sobretudo no campo psíquico, sendo, portanto, de cunho mais subjetivo. (N.R.)

infantil. Ainda pode haver algo mais escondido por trás disso, mas, provisoriamente, está encoberto pela névoa.

Posso imaginar que o sentimento oceânico tenha sido posteriormente vinculado à religião. Esse ser-Um com o Universo, que é o conteúdo de pensamento que lhe concerne, interessa-nos, com efeito, como uma primeira tentativa de consolo religioso, como outro caminho para o rechaço ao perigo ameaçador que o Eu reconhece como proveniente do exterior. Admito novamente que para mim é muito difícil trabalhar com essas grandezas pouco palpáveis. Outro amigo,[8] a quem uma insaciável ânsia pelo saber levou às experiências mais incomuns e, finalmente, a se tornar um sabe-tudo, assegurou-me que nas práticas de ioga, pelo afastamento do mundo exterior, pela vinculação da atenção às funções corporais e pela utilização de métodos especiais de respiração, podemos de fato despertar em nós novas sensações e sentimentos de universalidade, que ele quer conceber como regressões a estados originários da vida anímica que há muito tempo foram encobertos. Ele enxerga neles um fundamento fisiológico, por assim dizer, de muitas sabedorias do misticismo. Seria fácil estabelecer aqui relações com algumas modificações obscuras da vida anímica, tais como o transe e o êxtase. Só que me sinto pressionado a mais uma vez exclamar com as palavras do mergulhador de Schiller:

Que se alegre, aquele que aqui respira na rósea luz.[9]

---

[8] Trata-se provavelmente de Frederick Eckstein (1861-1939). (N.E.)

[9] Versos de *O mergulhador* (*Der Taucher*), de Friedrich Schiller: *Es freue sich/Wer da atmet im rosigen Licht*. (N.R.)

II

Em meu escrito *O futuro de uma ilusão*, tratou-se muito menos das fontes mais profundas do sentimento religioso e muito mais daquilo que o homem comum entende como sua religião, do sistema de doutrinas e de promessas que, por um lado, esclarecem-lhe os enigmas deste mundo com uma perfeição invejável, e, por outro, asseguram-lhe uma Providência cuidadosa que zelará por sua vida e compensará por eventuais frustrações em uma existência no além. Essa Providência o homem comum não pode imaginar senão como um pai grandiosamente elevado. Só um pai como esse pode conhecer as necessidades da criatura humana, como-ver-se com os seus pedidos, ser apaziguado com os sinais de seu remorso. Tudo isso é tão flagrantemente infantil, tão estranho à realidade, que para uma convicção humanista será doloroso pensar que a grande maioria dos mortais jamais poderá elevar-se além dessa concepção de vida. É ainda mais embaraçoso descobrir que uma grande parte das pessoas que hoje vivem, que necessariamente precisam admitir que essa religião não se sustenta, procure, entretanto, defender cada pedacinho dela em lastimáveis combates de retirada. Gostaríamos de nos juntar às fileiras dos crentes para repreender os filósofos que acreditam salvar o Deus da religião, substituindo-o por um princípio impessoal, sombriamente abstrato: "Não tomarás Seu santo nome em vão!". Se alguns dos maiores espíritos de épocas passadas fizeram o mesmo, não temos o direito de nos referir a eles nesse contexto. Sabemos por que eles foram obrigados a isso.

Voltemos ao homem comum e à sua religião, a única que deveria portar esse nome. É quando se apresenta a nós em primeiro lugar a conhecida declaração de um dos nossos maiores poetas e sábios, que diz respeito à relação da religião com a arte e a ciência:

> Quem possui ciência e arte
> tem também religião;
> Quem não possui nenhuma das duas;
> que tenha religião![10]

Essas palavras, por um lado, colocam a religião em uma oposição às duas mais elevadas realizações do ser humano, e por outro, afirmam que em seu valor vital elas podem representar-se ou substituir-se mutuamente. Portanto, se quisermos negar a religião ao homem comum, evidentemente não teremos a autoridade do poeta do nosso lado. Tentaremos um caminho especial para avançarmos na apreciação de sua tese. A vida, tal como nos é imposta, é muito difícil para nós, traz-nos muitas dores, desilusões, tarefas insolúveis. Para suportá-la, não podemos prescindir de medidas paliativas. ("As coisas não funcionam sem construções auxiliares",[11] disse-nos Theodor Fontane.) Essas medidas talvez sejam de três tipos: distrações poderosas, que nos permitem menosprezar a nossa miséria, satisfações substitutivas, que a amenizam, e substâncias entorpecentes, que nos tornam insensíveis a ela. Qualquer coisa dessa espécie é indispensável.[12] É às distrações

---

[10] Goethe, em "Xênias mansas" IX (Poesia póstuma) [*Wer Wissenschaft und Kunst besitzt,/hat auch Religion/Wer jene beiden nicht besitzt/der habe Religion!*].

[11] Referência a uma passagem do romance *Effi Briest* de 1895 do referido Theodor Fontane (1819-1898). Considerado por muitos o maior nome do Realismo em língua alemã. (N.R.)

[12] Em um nível mais baixo, Wilhelm Busch diz a mesma coisa em *A piedosa Helena*: "Quem tem preocupações também tem licor".

que visa Voltaire, quando termina seu *Cândido*, deixando ressoar o seu conselho de cultivar o seu jardim; a atividade científica também é uma distração como essa. As satisfações substitutivas, como as oferecidas pela arte, são ilusões, em relação com a realidade, e por isso não menos eficazes psiquicamente, graças ao papel que a fantasia conquistou na vida anímica. Os meios entorpecentes influenciam o nosso corpo e alteram a sua química. Não é fácil indicar a posição da religião no interior dessa série. Teremos, necessariamente, de continuar sondando.

A questão sobre o propósito da vida humana foi colocada incontáveis vezes; ela nunca teve nenhuma resposta satisfatória, talvez nem sequer admita alguma. Muitos dos que colocaram a questão acrescentaram: se acontecesse de a vida não ter nenhum propósito, então ela perderia todo o seu valor para eles. Mas essa ameaça não muda nada. Parece muito mais que podemos abandonar a questão. Seu pressuposto parece ser aquela presunção humana da qual já conhecemos tantas outras manifestações. Sobre o propósito da vida dos animais não se fala, a menos que o seu destino consista em servir ao ser humano. Só que isso também não é sustentável, pois o homem não sabe o que fazer com muitos animais – exceto descrevê-los, classificá-los, estudá-los –, e incontáveis espécies de animais também escaparam dessa utilização, pelo fato de terem vivido e sido extintos, antes que o ser humano os tivesse visto. A religião é novamente a única a saber responder a pergunta a respeito de um propósito da vida. Dificilmente estaremos errados ao decidir que a ideia de um propósito para a vida venha diretamente do sistema religioso.

Por esse motivo, iremos nos voltar para a questão menos pretensiosa de saber o que os próprios seres humanos deixam reconhecer pela sua conduta como sendo o propósito e a intenção de suas vidas, o que eles exigem da vida e o que nela querem alcançar. A resposta dificilmente será equivocada; eles anseiam por felicidade, querem ser felizes e permanecer assim. Esse anseio tem dois lados, uma meta positiva e uma negativa; por um lado, ele quer a ausência de dor e de desprazer, e, por outro, a experiência de intensos sentimentos de prazer. No sentido mais restrito da palavra, "felicidade" refere-se apenas à última meta. Correspondentemente a essa divisão das metas em duas partes, a atividade dos seres humanos desdobra-se em duas direções, dependendo de eles procurarem realizar uma ou outra dessas metas, de maneira predominante ou mesmo exclusiva.

Notamos que é simplesmente o programa do princípio de prazer que determina o propósito da vida. Esse princípio domina o funcionamento do aparelho anímico desde o início; não pode haver dúvida sobre a sua pertinência, e, no entanto, o seu programa está em conflito com o mundo inteiro, tanto com o macrocosmo quanto com o microcosmo. Ele é absolutamente irrealizável, todos os dispositivos do Universo opõem-se a ele; poderíamos dizer que a intenção de que o ser humano seja "feliz" não está no plano da "Criação". O que chamamos de felicidade, no sentido mais rigoroso, provém antes da repentina satisfação de necessidades altamente represadas e, de acordo com a sua natureza, só é possível enquanto fenômeno episódico. Cada continuação de uma situação almejada pelo princípio de prazer só resulta em um sentimento de tépido bem-estar; somos dotados de dispositivos tais que só podemos gozar intensamente o que é contraste, e só podemos gozar muito pouco o estado.[13]

---

[13] Goethe até mesmo adverte: "Nada é mais difícil de suportar do que uma série de dias bonitos". Mesmo assim, isso pode ser um exagero.

Com isso, nossas possibilidades de felicidade já estão limitadas pela nossa constituição. Há dificuldades muito menores para experimentar a infelicidade. O sofrimento ameaça a partir de três lados: do próprio corpo, que, destinado à decadência e à dissolução, não pode nem mesmo prescindir da dor e do medo como sinais de alarme; do mundo exterior, que pode voltar sua raiva contra nós com suas forças descomunais, implacáveis e destrutivas; e, finalmente, das relações com outros seres humanos. O sofrimento que provém dessa fonte, talvez o sintamos de maneira mais dolorosa do que qualquer outro; somos inclinados a ver nele um ingrediente de certa forma supérfluo, mesmo que, em termos de destino, ele não pudesse ser menos inevitável do que os sofrimentos oriundos de outra fonte.

Não é de se admirar que, sob a pressão dessas possibilidades de sofrimento, os seres humanos acabem por moderar a sua exigência de felicidade – assim como o próprio princípio de prazer transformou-se em um mais modesto princípio de realidade sob a influência do mundo exterior –, que já se considerem felizes por terem escapado à infelicidade, por terem superado o sofrimento, e que, de maneira bem geral, a tarefa de evitar o sofrimento coloque para o segundo plano a do ganho de prazer. A reflexão ensina que podemos tentar resolver essa tarefa por vias muito diversas; todas essas vias foram recomendadas pelas diferentes escolas de sabedoria de vida e seguidas pelos seres humanos. A satisfação irrestrita de todas as necessidades impõe-se como a maneira mais tentadora de condução da vida, mas isso significa colocar o gozo antes da prudência e receber sua punição logo depois. Os outros métodos, nos quais evitar o desprazer é o principal propósito, distinguem-se de acordo com a fonte de desprazer para a qual eles voltam a maior atenção. Nesse caso, existem procedimentos extremos e moderados, unilaterais e outros que atacam vários pontos ao mesmo tempo. Isolamento voluntário, distanciamento dos outros, eis a proteção mais imediata contra o sofrimento que pode advir para qualquer um a partir de relações humanas. Compreendemos que a felicidade que podemos alcançar através dessa via é a da quietude. Contra o temeroso mundo exterior não podemos fazer outra coisa a não ser defender-nos com um tipo qualquer de afastamento, se quisermos resolver essa tarefa por nós mesmos. É evidente que existe outro caminho melhor, no qual, enquanto membro da comunidade humana, passamos a atacar a natureza com a ajuda da técnica guiada pela ciência e a submetemos à nossa vontade. Trabalhamos, então, com todos pela felicidade de todos. Mas os métodos mais interessantes para a prevenção contra o sofrimento são aqueles que procuram influenciar o próprio organismo. É que, afinal, todo sofrimento é apenas sensação, ele só existe enquanto o percebemos, e só o percebemos em consequência de determinados dispositivos do nosso organismo.

O método mais cru, mas também o mais eficaz para uma influência como essa é o químico, a intoxicação. Não acredito que alguma pessoa consiga compreender plenamente seu mecanismo, mas é fato que existem substâncias estranhas ao corpo, cuja presença no sangue e nos tecidos nos propicia sensações imediatas de prazer, mas também altera de tal maneira as condições de nossa vida sensível que nos tornamos inaptos à recepção de moções de desprazer. Esses dois efeitos não apenas ocorrem simultaneamente, mas também parecem estar intimamente ligados um ao outro. No entanto, deve haver substâncias em nossa própria química corporal, que façam algo semelhante, pois conhecemos pelo menos um estado patológico, a mania, no qual ocorre essa conduta semelhante à embriaguez, sem que tenha sido introduzida nenhuma droga entorpecente. Além disso, nossa vida anímica normal apresenta oscilações de liberação facilitada ou dificultada de prazer, paralelamente às quais há uma receptividade diminuída ou aumentada de desprazer. É muito lamentável que esse lado tóxico dos processos anímicos tenha escapado à investigação científica. A ação das substâncias entorpecentes na luta pela felicidade e no afastamento da miséria é a tal ponto apreciada como um bem-estar que indivíduos, assim como povos, reservaram-lhe uma posição sólida em sua economia libidinal. Somos agradecidos a elas não apenas pelo ganho imediato de prazer, mas também por uma porção ardentemente almejada de independência em relação ao mundo exterior. Pois certamente sabemos que, com a ajuda do "destruidor de preocupações", podemos nos livrar a qualquer hora da pressão da realidade e encontrar refúgio em um mundo próprio, que ofereça condições melhores de se obter sensações. Sabemos que é precisamente essa propriedade das substâncias entorpecentes que condiciona também o seu perigo e sua nocividade. Elas são, em certas circunstâncias, culpadas pelo desperdício de grandes quantidades de energia, que poderiam ser utilizadas para o melhoramento da sorte humana.

Mas a construção complicada do nosso aparelho anímico permite toda uma série de influências diferentes. Assim como a satisfação pulsional é felicidade, também é causa de grande sofrimento para nós quando o mundo exterior nos deixa passar necessidades, quando se recusa a saciar as nossas necessidades. Podemos ter a expectativa, portanto, de ficar livres de uma parte do sofrimento, através de uma ação sobre essas moções pulsionais. Esse modo de defesa contra o sofrimento não agride mais o aparelho sensorial, ele procura dominar as fontes internas das necessidades. De maneira extrema, isso ocorre quando mortificamos as pulsões, como o ensina a sabedoria de vida oriental e como o realiza a prática da ioga. Se isso dá certo, certamente abandonamos também qualquer outra atividade (sacrificamos a vida) e apenas adquirimos novamente, por outro caminho, a felicidade da quietude. Seguimos pelo mesmo caminho, com metas mais moderadas, se almejamos apenas a dominação da vida pulsional. O que então domina são as instâncias psíquicas superiores, que se submeteram ao princípio da realidade. Assim fazendo, o propósito da satisfação não é abandonado de modo algum; uma certa proteção contra o sofrimento é alcançada, pelo fato de que a insatisfação das pulsões mantidas dependentes não é sentida tão dolorosamente quanto a das pulsões não inibidas. Mas, por outro lado, existe uma inegável redução das possibilidades de gozo. O sentimento de felicidade na satisfação de uma moção pulsional selvagem não domada pelo Eu é incomparavelmente mais intenso do que a saciação de uma pulsão domada. A irresistibilidade a impulsos perversos, talvez a atração daquilo que é proibido em geral, encontra aqui uma explicação econômica.

Outra técnica de defesa contra o sofrimento serve-se dos deslocamentos da libido, os quais nosso aparelho anímico autoriza, e através dos quais sua função ganha tanto em flexibilidade. A tarefa a ser resolvida é deslocar as metas pulsionais de tal maneira que não possam ser atingidas pelo impedimento do mundo exterior. A sublimação das pulsões presta aqui sua ajuda. Estaremos obtendo o máximo se soubermos elevar suficientemente o ganho de prazer que provém das fontes de trabalho psíquico e intelectual. Nesse caso, o destino pouco nos fará mal. As satisfações dessa espécie, tal como a alegria do artista com a criação, com a encarnação da figura de sua fantasia, a do pesquisador com a solução de problemas e com o reconhecimento da verdade, possuem uma qualidade particular, que certamente um dia poderemos caracterizar metapsicologicamente. Por ora, podemos apenas dizer, figurativamente, que elas nos parecem "mais refinadas e mais elevadas", mas a sua intensidade é abafada, quando comparada com a da saciação de moções pulsionais grosseiras e primárias; elas não abalam a nossa corporeidade. Mas a fraqueza desse método reside em não ser universalmente aplicável e em só ser acessível a poucas pessoas. Ele pressupõe predisposições especiais e aptidões que não são precisamente frequentes em proporção eficaz. E mesmo a esses poucos ele não pode assegurar proteção plena contra o sofrimento, ele não lhes cria uma armadura impenetrável contra as flechas do destino e costuma falhar quando o próprio corpo se torna a fonte do sofrimento.[14]

---

[14] Quando não existe uma predisposição especial que prescreva imperativamente a direção dos interesses vitais, o trabalho profissional comum, acessível a qualquer um, pode tomar o lugar que lhe foi indicado pelo sábio conselho de Voltaire. Não é possível apreciar de maneira suficiente, no limite de um exame sucinto, a importância do trabalho para a economia da libido. Nenhuma outra técnica de condução da vida liga tão fortemente o indivíduo à realidade quanto a ênfase no trabalho, que ao menos o insere com segurança em um aspecto da realidade, a comunidade humana. A possibilidade de deslocar uma porção volumosa de componentes libidinais, narcísicos, agressivos e mesmo eróticos sobre o trabalho profissional e sobre as relações humanas ligadas a ele empresta-lhe um valor que não fica atrás de seu caráter indispensável de afirmação e de justificação da existência na sociedade. A atividade profissional proporciona uma satisfação especial quando é escolhida livremente, portanto, quando ela permite que se tornem utilizáveis, por meio de sublimação, inclinações que estejam presentes, moções pulsionais continuadas

Se já nesse procedimento fica claro o propósito de nos tornarmos independentes do mundo exterior, na medida em que procuramos as nossas satisfações nos processos psíquicos internos, os mesmos traços aparecem mais fortemente no procedimento seguinte. Neste, a relação com a realidade torna-se ainda mais frouxa, a satisfação é obtida a partir de ilusões que reconhecemos como tais sem nos deixarmos perturbar em nosso gozo, pelo seu afastamento em relação à realidade. O campo de onde provêm essas ilusões é o da vida de fantasia; ele foi, naquela época, quando se consumou o desenvolvimento do senso de realidade [*Realitätssinnes*], expressamente dispensado das exigências da prova de realidade e permaneceu destinado ao cumprimento de desejos de difícil realização. Acima de tudo, entre as satisfações dessas fantasias, está o gozo de obras de arte, que, por intermédio do artista, torna-se acessível também àquele que não é ele mesmo o criador.[15] Aquele que é receptivo à influência da arte não sabe como avaliar suficientemente a importância dessa influência como fonte de prazer e como consolo para a vida. E, no entanto, a suave narcose à qual a arte nos transporta não faz mais do que produzir uma libertação passageira das necessidades da vida e não é forte o suficiente para fazer esquecer a miséria real.

---

ou reforçadas constitucionalmente. E, no entanto, como caminho para a felicidade, o trabalho é pouco apreciado pelas pessoas. Não se acorre a ele como a outras possibilidades de satisfação. A grande maioria dos seres humanos só trabalha obrigada pela necessidade, e dessa aversão natural dos seres humanos ao trabalho derivam os mais graves problemas sociais.

[15] Cf. *Formulações sobre os dois princípios do acontecer psíquico* [*Formulierungen über die zwei Prinzipien des psychischen Geschehens*] (*Ges. Werke*, VIII) e *Conferências introdutórias à Psicanálise* [*Vorlesungen zur Einführung in die Psychoanalyse*], XXIII (*Ges. Werke*, XI).

De maneira mais enérgica e mais profunda opera outro procedimento, que tem como único inimigo a realidade como sendo a fonte de todo sofrimento e com a qual não é possível viver, e, por essa razão, é preciso romper com todas as relações com ela, se quisermos ser felizes em qualquer sentido que seja. O eremita dá as costas a este mundo, não quer ter nada a ver com ele. Mas podemos fazer mais, podemos querer recriá-lo, construir outro em seu lugar, no qual os traços mais intoleráveis estejam extintos e tenham sido substituídos por outros, mais afins ao nosso próprio desejo. Aquele que, em desesperada indignação, tomar esse caminho para a felicidade geralmente não alcançará nada; a realidade é muito forte para ele. Ele se tornará um delirante e, na maioria das vezes, não encontrará ninguém que o ajude na concretização de seu delírio. Mas diremos que cada um de nós se porta, em algum ponto, de maneira semelhante ao paranoico, que corrige, através de uma formação de desejo, um aspecto do mundo intolerável para ele e inscreve esse delírio na realidade. O caso que pode reivindicar uma importância especial é o de que um número maior de pessoas empreenda conjuntamente a tentativa de criar para si uma garantia de felicidade e uma proteção contra o sofrimento através de uma reconfiguração delirante da realidade. Podemos caracterizar também as religiões da humanidade como um delírio de massa dessa ordem. É evidente que o delírio jamais é reconhecido por aquele que ainda o está compartilhando.

Não acredito que esteja completo esse inventário dos métodos através dos quais os seres humanos esforçam-se por obter a felicidade e por manter distante o sofrimento, e também sei que o material permite outros arranjos. Um desses procedimentos eu ainda não mencionei; não que eu o tivesse esquecido, mas porque ele ainda nos ocupará em outro contexto. E, além disso, como seria possível esquecer justamente essa técnica da arte de viver? Ela se distingue pela mais notável reunião de traços característicos. Naturalmente ela também procura alcançar a independência em relação ao destino – como é melhor chamá-lo – e, com esse propósito, ela desloca a satisfação para processos anímicos internos, servindo-se, para isso, da capacidade de deslocamento da libido, mencionada anteriormente, mas ela não se afasta do mundo exterior, ao contrário, agarra-se aos seus objetos e consegue a felicidade a partir de uma relação afetiva com eles. Nessa situação, ela tampouco se satisfaz com a meta, por assim dizer, cansadamente resignada com a evitação do desprazer, mas, antes, passa por ela sem lhe dar atenção e atém-se firmemente no anseio originário, passional, por uma realização positiva da felicidade. Talvez ela se aproxime mais dessa meta do qualquer outro método. Estou me referindo, naturalmente, àquela orientação de vida que toma o amor como centro, que tem a expectativa de que toda satisfação venha do fato de amar e de ser amado. Uma posição psíquica como essa é bem familiar a todos nós; uma das formas de manifestação do amor, o amor sexual, proporcionou-nos a mais intensa das experiências, a de uma sensação de prazer arrebatadora, dando-nos, assim, o exemplo para o nosso anseio por felicidade. Nada mais natural do que insistirmos em procurar a felicidade, indo pelo mesmo caminho em que a encontramos primeiro. No entanto, o ponto fraco dessa técnica de vida é bem claro; do contrário, não teria ocorrido a nenhum ser humano abandonar esse caminho para a felicidade por outro. Nunca estamos tão desprotegidos contra o sofrimento do que quando amamos, nunca mais desamparadamente infelizes do que quando perdemos o objeto amado ou o seu amor. Mas a técnica de vida fundada sobre o valor de felicidade do amor não se esgota com isso, há muito mais a dizer sobre esse assunto.

Aqui podemos acrescentar o caso interessante de que a felicidade da vida é procurada sobretudo no gozo da beleza, onde quer que ela se apresente aos nossos sentidos ou ao nosso julgamento, da beleza das formas e dos gestos humanos, de objetos naturais e das paisagens, das criações artísticas e até mesmo científicas. Essa posição estética para com a meta da vida oferece pouca proteção contra sofrimentos ameaçadores, mas consegue compensar por muitas coisas. O gozo da beleza possui um caráter peculiar de sentimento levemente inebriante. Não há uma utilidade evidente da beleza; sua necessidade cultural não se deixa entender, e, no entanto, não poderíamos prescindir dela na cultura. A ciência da estética investiga as condições sob as quais o belo é experimentado; sobre a natureza e a proveniência da beleza ela não pôde fornecer nenhum esclarecimento; como de costume, a falta de resultado é encoberta por um dispêndio de palavras altissonantes e vazias de conteúdo. Infelizmente, nesse sentido, a Psicanálise tampouco diz muito sobre a beleza. Somente a derivação do campo da sensação sexual parece assegurada; esse seria um exemplo perfeito de uma moção inibida quanto à meta. A "beleza" e o "encanto" são, originariamente, propriedades do objeto sexual. É notável que os próprios genitais, cuja visão sempre tem um efeito excitante, mesmo assim, quase nunca sejam julgados belos; em contrapartida, a característica da beleza parece estar aderida a certas características sexuais secundárias.

Apesar dessa incompletude, já me atrevo a fazer algumas observações conclusivas sobre nossa investigação. O programa que o princípio de prazer nos impõe, de ser feliz, não pode ser realizado; ainda assim, não temos o direito – não, não podemos – de abandonar os esforços para, de alguma forma, aproximarmo-nos de sua realização. Para isso, podemos tomar caminhos muito diversos, ou antecipando o conteúdo positivo da meta, o ganho de prazer, ou o conteúdo negativo, de evitar o desprazer. Por nenhum desses caminhos podemos alcançar tudo aquilo que almejamos [*begehren*]. A felicidade, no sentido moderado em que é reconhecida como possível, é um problema da economia libidinal do indivíduo. Aqui não há nenhum conselho que sirva para todos; cada um precisa tentar por si mesmo a maneira particular para se tornar feliz. Os fatores mais variados atuarão para indicar os caminhos de sua escolha. Tudo irá depender de quanta satisfação real ele pode esperar do mundo exterior e até que ponto ele age para se tornar independente dele; e também, por fim, de quanta força ele acredita dispor, para modificá-lo de acordo com seus desejos. Já nesse caso, além das circunstâncias externas, a constituição psíquica do indivíduo será decisiva. O ser humano predominantemente erótico irá privilegiar as relações afetivas com outras pessoas, o narcísico, autossuficiente, irá procurar as satisfações essenciais em seus processos anímicos internos, o homem de ação não irá desistir do mundo exterior, no qual ele pode testar a sua força. Para o tipo intermediário entre esses, a natureza dos seus talentos e a medida que lhe for possível de sublimação pulsional irão determinar aonde ele deve direcionar seus interesses. Toda decisão extrema é punida por expor o indivíduo aos perigos que a insuficiência da técnica de vida escolhida de modo exclusivo traz consigo. Assim como o prudente comerciante evita aplicar todo o seu capital em um só lugar, talvez também a sabedoria da vida aconselhe a não esperar toda a satisfação de uma única aspiração. O êxito nunca é garantido, depende da conjunção de muitos fatores, talvez não mais de nenhum outro do que da capacidade da constituição psíquica em adaptar a sua função ao ambiente e em aproveitá-lo para o ganho de prazer. Aquele que traz uma constituição pulsional particularmente desfavorável e não tiver passado, de acordo com as regras, pela reconfiguração e pelo reordenamento dos componentes de sua libido, indispensáveis para uma atividade posterior, terá dificuldades em obter felicidade a partir de sua situação exterior, sobretudo quando for colocado diante de tarefas mais difíceis. Como última técnica de vida, que ao menos lhe promete satisfações substitutivas, é-lhe oferecida a fuga para a doença neurótica, fuga, na maioria parte das vezes, já consumada na juventude. Aquele que então, em um período posterior de sua vida, vê fracassarem os seus esforços pela felicidade ainda encontra consolo no ganho de prazer da intoxicação crônica, ou empreende a tentativa desesperada de rebelião da psicose.[16]

A religião prejudica esse jogo de escolha e de adaptação, na medida em que impõe a todos, de igual maneira, o seu caminho para a obtenção da felicidade e para a proteção contra o sofrimento. Sua técnica consiste em rebaixar o valor da vida e em desfigurar de maneira delirante a imagem do mundo real, o que tem como pressuposto a intimidação da inteligência. A esse preço, através da fixação violenta a um infantilismo psíquico e da inclusão num delírio coletivo, a religião consegue poupar muitos seres humanos da neurose individual. Mas não mais do que isso; existem, como dissemos, muitos caminhos que podem levar à felicidade acessível

---

[16] Sinto-me obrigado a apontar ao menos uma das lacunas que restaram na apresentação acima. Uma observação das possibilidades humanas de felicidade não deveria deixar de levar em conta a relação entre o narcisismo e a libido de objeto. Precisamos saber o que significa essencialmente para a economia da libido depender de si mesma.

ao ser humano, mas nenhum que leve até lá com segurança. Quando o crente se vê finalmente levado a falar sobre os "desígnios inescrutáveis" de Deus, está com isso admitindo que só lhe restou, como última possibilidade de consolo e fonte de prazer no sofrimento, a submissão incondicional. E se ele está pronto para ela, provavelmente teria podido poupar-se desse descaminho.

III

Nossa investigação sobre a felicidade não nos ensinou até agora muita coisa que já não fosse de conhecimento geral. Mesmo se dermos continuidade a ela com a pergunta sobre por que ser feliz é tão difícil para os seres humanos, parece que a perspectiva de descobrir algo novo não é muito grande. Já demos a resposta quando mencionamos as três fontes de onde vem o nosso sofrimento: o poder superior da natureza, a fragilidade do nosso próprio corpo e a inadequação dos dispositivos que regulam as relações dos seres humanos entre si na família, no Estado e na sociedade. No que diz respeito às duas primeiras, nosso julgamento não pode oscilar por muito tempo; ele nos obriga a reconhecer essas fontes de sofrimento e a nos entregarmos ao inevitável. Nunca dominaremos a natureza completamente; nosso organismo, ele próprio uma parte dessa natureza, será sempre uma formação passageira, limitada quanto à adaptação e à realização. Desse reconhecimento não surge nenhum efeito paralisante; ao contrário, ele indica a direção de nossa atividade. Que não podemos acabar com todo o sofrimento, mas, ainda assim, acabar com alguns e atenuar outros, disto nos convenceu uma experiência de milhares de anos. De maneira diferente nos conduzimos em relação à terceira fonte, a social. Esta, não queremos absolutamente admitir, não conseguimos compreender por que os dispositivos criados por nós mesmos não deveriam ser sobretudo uma proteção e um benefício para nós todos. No entanto, se pensarmos no quanto fomos malsucedidos justamente na prevenção contra essa parcela de sofrimento, surge a suspeita de que por trás disso também poderia estar uma parte da natureza invencível, só que, dessa vez, uma parte de nossa própria constituição psíquica.

Ao começarmos a nos ocupar com essa possibilidade, esbarramos em uma afirmação que é tão surpreendente que nela queremos nos deter. Ela enuncia que uma grande parte da culpa por nossa miséria é daquilo que chamamos de nossa cultura; seríamos muito mais felizes se a abandonássemos e voltássemos a nos encontrar em condições primitivas. Eu considero isso surpreendente, porque – como quer que seja definido o conceito de cultura – está estabelecido que tudo aquilo com que tentamos nos proteger da ameaça que provém das fontes do sofrimento pertence justamente à mesma cultura.

Por que via, afinal, tantos chegaram a essa postura desconcertante de hostilidade à cultura? Acho que uma insatisfação profunda e de longa duração com o estado cultural vigente preparou o terreno sobre o qual em seguida, em ocasiões históricas determinadas, surgiu uma condenação. Acredito que conheço a última e a penúltima dessas ocasiões; não sou suficientemente instruído para remontar ao seu encadeamento tão longe na história da espécie humana. Já na vitória do cristianismo sobre as religiões pagãs deve ter estado envolvido um fator como esse hostil à cultura. Ele estava, na verdade, relacionado à desvalorização da vida terrena, efetuado pela doutrina cristã. A penúltima ocasião se instaurou quando, no progresso das viagens de descobrimento, entrou-se em contato com povos e tribos primitivos. Em consequência de uma observação insuficiente e de uma concepção equivocada de seus usos e costumes, eles pareciam aos europeus levar uma vida simples, com poucas necessidades, feliz, que para os visitantes culturalmente superiores era inacessível. A experiência posterior corrigiu alguns julgamentos dessa espécie; em muitos casos, uma medida de facilitação da vida, que se devia à generosidade da natureza e à comodidade na satisfação das grandes necessidades, foi atribuída equivocadamente à ausência de elaboradas exigências culturais. A última ocasião é particularmente familiar para nós; ela surgiu quando se ficou conhecendo o mecanismo das neuroses, que ameaçam minar o pouco de felicidade do homem civilizado. Descobriu-se que o ser humano se torna neurótico porque ele não consegue tolerar a quantidade de impedimentos que a sociedade lhe impõe a serviço de seus ideais culturais, e disso foi concluído que se essas exigências fossem abolidas ou reduzidas, isso significaria um retorno às possibilidades de felicidade.

Há mais um fator de decepção a ser acrescentado aqui. Nas últimas gerações, os seres humanos fizeram progressos extraordinários nas ciências naturais e em sua aplicação técnica, fortalecendo o seu domínio sobre a natureza de uma maneira antes inimaginável. Os detalhes desses avanços são de conhecimento geral, sendo desnecessário enumerá-los. Os humanos orgulham-se dessas conquistas e têm direito a isso. Mas eles acreditam ter percebido que essa possibilidade recém-adquirida de usufruir do espaço e do tempo, essa subjugação das forças da natureza, a realização de um anseio milenar não elevou a quantidade da satisfação prazerosa que eles esperavam da vida e não os tornou, segundo suas sensações, mais felizes. Deveríamos nos contentar em extrair dessa constatação a conclusão de que o poder sobre a natureza não é a única condição para a felicidade das pessoas, assim como não é a única meta dos empenhos culturais, e não deveríamos deduzir daí a ausência de valor dos avanços técnicos para a economia da nossa felicidade. Seria possível objetar: então, será que não constitui um ganho positivo de prazer, um aumento inequívoco do sentimento de felicidade, se eu puder ouvir, quantas vezes quiser, a voz de um filho que vive há centenas de quilômetros de distância de mim, se eu puder ter notícia, no tempo mais breve possível após o desembarque do amigo, que ele atravessou bem a longa e difícil viagem? Será que não significa nada o fato de a medicina ter conseguido diminuir de maneira tão extraordinária a mortalidade dos bebês, o perigo de infecção das mulheres parturientes, e até mesmo prolongar, por um número considerável de anos, a duração média de vida do ser humano na cultura? E a esses benefícios, que devemos à tão criticada época dos progressos científicos e técnicos, podemos ainda acrescentar uma longa série; – mas aqui a voz da crítica pessimista se faz ouvir e advertir que a maioria dessas satisfações segue o modelo daquele "prazer barato", anunciado em certa anedota. Sentimos esse prazer quando, em uma fria noite de inverno, esticamos a perna nua para fora da coberta e a recolhemos novamente. Se não existissem ferrovias que superassem as distâncias, o filho nunca teria deixado a cidade paterna; e não precisaríamos de telefone para ouvir a sua voz. Se a navegação entre oceanos não tivesse sido estabelecida, meu amigo não teria empreendido a viagem marítima e eu não teria precisado do telégrafo para apaziguar a minha preocupação por ele. De que nos serve a limitação da mortalidade infantil, se é justamente ela que nos impõe a mais extrema moderação na concepção de filhos, de modo que, no conjunto, afinal, não criamos mais filhos do que nas épocas anteriores ao domínio da higiene, mas, ao mesmo tempo, submetemos a nossa vida sexual no casamento a condições difíceis e provavelmente trabalhamos contra a benéfica seleção natural? E, enfim, de que nos serve uma vida longa se ela é lamentável, pobre em alegrias e tão carregada de sofrimento que só podemos saudar a morte como redentora?

Parece certo que não nos sentimos bem em nossa cultura atual, mas é muito difícil formarmos para nós um julgamento quanto a se, e até que ponto, os seres humanos de épocas anteriores se sentiam mais felizes e que papel tinham nisso as suas condições culturais. Sempre teremos a tendência a apreender a miséria objetivamente, isto é, a nos transportar, com as nossas reivindicações e receptividades, para aquelas condições, para depois examinar quais ensejos encontraríamos nelas para obtermos sensações de felicidade e de infelicidade. Esse modo de observação, que parece objetivo, porque abstrai as variações da sensibilidade subjetiva, é, naturalmente, o mais subjetivo possível, na medida em que coloca todas as outras constituições anímicas desconhecidas no lugar da nossa própria constituição. Mas a felicidade é algo inteiramente subjetivo. Ainda que possamos até mesmo recuar, com horror, diante de certas situações, tais como a dos escravos das galés na Antiguidade, a do camponês da Guerra dos Trinta Anos, a da vítima da Santa Inquisição, a do judeu que esperava o *pogrom*, é-nos impossível, apesar de tudo, colocar-nos no lugar dessas pessoas e intuir as alterações que foram provocadas na recepção das sensações de prazer e de desprazer pelo estado originário de estupor, pela gradual insensibilidade, pela suspensão das expectativas e pelas maneiras mais grosseiras e mais refinadas de narcotização. No caso de uma possibilidade extrema de sofrimento também são acionados determinados dispositivos anímicos de proteção. Parece-me infecundo levar adiante esse aspecto do problema.

É tempo de nos ocuparmos com a essência dessa cultura, cujo valor de felicidade é colocado em dúvida. Não exigiremos nenhuma fórmula que expresse essa essência em poucas palavras enquanto ainda não tivermos aprendido algo de nossa investigação. Basta-nos, portanto, repetir[17] que a palavra "cultura" [*Kultur*] caracteriza a soma total das realizações e dos dispositivos através dos quais a nossa vida se distancia da de nossos antepassados animais e que servem a duas finalidades: a proteção do ser humano contra a natureza e a regulamentação das relações dos seres humanos entre si. Para entender mais, iremos reunir cada um dos traços de cultura, tal como eles se apresentam nas sociedades humanas. Para isso, iremos nos deixar guiar, sem hesitação, pelo uso da língua, ou, como também dizemos, pela intuição linguística, confiando que dessa maneira estaremos fazendo justiça a conhecimentos interiores que ainda se opõem à expressão em palavras abstratas.

O começo é fácil: reconhecemos como culturais todas as atividades e valores que são úteis ao ser humano, por colocarem a terra a seu serviço, por protegerem-no contra a violência das forças da natureza, etc. Esse lado do que é cultural é o que oferece menos dúvidas. Recuando longe o bastante, os primeiros atos culturais foram a utilização de ferramentas, a domesticação do fogo[18] e a construção

---

[17] Ver: *O futuro de uma ilusão*, 1927 (*Ges. Werke*, XIV).

[18] Sobre essa temática em especial, ver o próximo texto deste livro intitulado "Sobre a conquista do fogo" ("Zur Gewinnung des Feuers") de 1931, um ano após a publicação deste texto. (N.R.)

de habitações. De todos eles, a domesticação do fogo se sobressai como uma realização totalmente extraordinária, sem precedentes;[19] com os outros, o ser humano avançou por caminhos que, depois disso, ele continuou a seguir e para os quais o estímulo é fácil de imaginar. Por meio de todas as suas ferramentas, o ser humano aperfeiçoa os seus órgãos – motores, bem como os sensoriais – ou remove os obstáculos para o seu funcionamento. Os motores colocam à sua disposição forças imensas que ele pode, a exemplo de seus músculos, adequar para a direção que quiser; o navio e o avião fazem com que nem a água nem o ar possam impedir a sua locomoção. Com os óculos, ele corrige os defeitos da lente em seu olho; com o telescópio, ele enxerga

---

[19] Um material psicanalítico incompleto, que não se deixa interpretar com segurança, permite, ainda assim, ao menos uma suposição – que parece fantástica – sobre a origem dessa proeza humana. É como se o ser humano primitivo tivesse o hábito, caso ele encontrasse o fogo, de satisfazer um prazer infantil a ele vinculado, apagando-o com seu jato de urina. Sobre a concepção fálica originária da chama em forma de língua estirando-se nas alturas não pode haver nenhuma dúvida, de acordo com as lendas existentes. Extinguir o fogo pela micção – a que ainda recorrem as posteriores crianças gigantes Gulliver em Liliput e o Gargântua de Rabelais – era, portanto, como um ato sexual com um homem, como uma fruição da potência masculina na competição homossexual. Quem primeiro renunciou a esse prazer, poupando o fogo, pôde levá-lo embora consigo e colocá-lo a seu serviço. Ao atenuar o fogo de sua própria excitação sexual, ele domesticou a força natural do fogo. Essa grande conquista cultural seria, portanto, a recompensa por uma renúncia pulsional. E além disso, é como se a mulher tivesse sido nomeada guardiã desse fogo mantido prisioneiro no lar doméstico, porque sua conformação anatômica lhe proíbe ceder a uma tentação de prazer como essa. É notável também a regularidade com que as experiências analíticas testemunham a relação entre a ambição, o fogo e o erotismo ligado à micção.

a longínquas distâncias; com o microscópio, ele supera as fronteiras da visibilidade, delimitadas pela estrutura de sua retina. Com a câmera fotográfica, ele criou um instrumento que retém as fugidias impressões visuais, que é o que o disco do gramofone deve lhe fornecer para as impressões sonoras igualmente efêmeras, sendo ambos, no fundo, materializações da capacidade que lhe foi dada para a lembrança, a da sua memória. Com a ajuda do telefone, ele ouve a partir de distâncias que mesmo os contos maravilhosos considerariam inalcançáveis; a escrita foi, originariamente, a língua daquele que está ausente; a moradia, um substituto do ventre materno [*Mutterleib*], o primeiro e provavelmente o sempre ainda ansiado alojamento, no qual nos encontrávamos seguros e nos sentíamos tão bem.

Não soa apenas como um conto maravilhoso, mas é diretamente a realização de todos os desejos desses contos – não, da maioria deles – o que o homem, através de sua ciência e técnica, produziu sobre esta Terra, na qual ele surgiu primeiro como um frágil ser animal, e na qual cada indivíduo de sua espécie deve ingressar novamente como um lactente desamparado – *oh inch of nature!* [ó polegada da natureza!] Todo esse patrimônio ele pode reivindicar como aquisição cultural. Há muito tempo atrás, ele havia formado para si uma representação ideal de onipotência e de onisciência que ele encarnou em seus deuses. Atribuiu a eles tudo aquilo que parecia inalcançável aos seus desejos – o que lhe era proibido. Portanto, podemos dizer que esses deuses eram ideais culturais. Agora, ele se aproximou bastante do alcance desse ideal, ele próprio quase se tornou um deus. É evidente que apenas da maneira como, de acordo com o julgamento humano geral, os ideais costumam ser alcançados. Não completamente em alguns aspectos, de forma alguma em outros, ou apenas em parte. O ser humano tornou-se uma espécie de deus-protético, por assim dizer, verdadeiramente grandioso, quando emprega todos os seus órgãos auxiliares, mas estes não cresceram com ele e, ocasionalmente, ainda lhe dão muito trabalho. A esse propósito, ele tem o direito de se consolar com a ideia de que esse desenvolvimento não estará encerrado precisamente com o ano de 1930 d.C. Tempos distantes irão trazer consigo novos avanços, provavelmente inimagináveis, para esse campo da cultura, e irão aumentar ainda mais sua semelhança com Deus. No entanto, no interesse de nossa investigação, não queremos esquecer, igualmente, que o ser humano de hoje não se sente feliz com essa semelhança.

Reconhecemos, então, que um país possui uma cultura elevada, quando descobrimos que nele é cultivado e providenciado de maneira adequada tudo o que serve para a exploração da terra pelo ser humano e para a sua proteção contra as forças da natureza, portanto, resumindo brevemente: tudo o que lhe é útil. Num país como esse, os rios que ameaçam com inundações teriam o seu curso regulado, sua água seria levada através de canais até onde ela é imprescindível. O solo seria trabalhado cuidadosamente e cultivado com vegetação adequada para dar frutos; as riquezas minerais das profundezas seriam extraídas esmeradamente e convertidas em ferramentas e utensílios necessários. Os meios de transporte seriam abundantes, rápidos e seguros, os animais perigosos seriam exterminados, e a criação de animais domésticos floresceria. Mas nós ainda temos outras exigências a fazer à cultura e esperamos encontrá-las notavelmente realizadas nesses mesmos países. Como que querendo negar a reivindicação que fizemos primeiro, acolhemos igualmente como cultural aquilo que os seres humanos fazem quando vemos sua preocupação voltar-se também para coisas que não são nada úteis, que antes parecem inúteis, como quando, em uma cidade, as áreas ajardinadas, necessárias como parques infantis e reservatórios de ar, também tenham canteiros de flores, ou quando as janelas das moradias são enfeitadas com vasos de flores. Logo percebemos que o inútil, que esperamos que seja apreciado pela cultura, é a beleza; exigimos que o homem da cultura venere a beleza, onde quer que ele a encontre na natureza, e que a produza em objetos enquanto o trabalho de suas mãos for capaz. Mas ainda falta muito até que as nossas reivindicações à cultura se esgotem. Exigimos ainda ver os signos de limpeza e de ordem. Só podemos pensar mal da cultura de uma cidade do interior inglesa da época de Shakespeare, quando lemos que havia um grande monte de esterco diante da porta de sua casa paterna, em Stratford; ficamos indignados e classificamos de "barbárie", que é o oposto de cultural, quando encontramos os caminhos do Bosque de Viena repletos de papéis espalhados. Qualquer espécie de sujeira nos parece incompatível com a cultura; estendemos também ao corpo humano a exigência de limpeza; ouvimos, espantados, sobre o mau cheiro que costumava exalar a pessoa do *Roi Soleil* [Rei Sol], e balançamos a cabeça quando, em Isola Bella, é-nos mostrada a minúscula bacia de que se servia Napoleão em seu asseio matinal. Nem ficamos surpresos, na verdade, se alguém chegar a estabelecer o uso do sabão como sendo precisamente um parâmetro cultural. Ocorre o mesmo com a ordem, que, tal como a limpeza, tem a ver inteiramente com a obra do ser humano. Mas, ao mesmo tempo que não devemos esperar encontrar limpeza na natureza, a ordem, ao contrário, foi copiada da natureza; a observação das grandes regularidades astronômicas deu ao ser humano não apenas o exemplo, mas também os primeiros pontos de referência para a introdução da ordem em sua vida. A ordem é uma espécie de compulsão à repetição, que, por um dispositivo estabelecido de uma vez por todas, decide quando, onde e como algo tem de ser feito, de modo que, em cada caso idêntico, hesitações e oscilações são poupadas. O benefício da ordem é inteiramente inegável, ele possibilita ao ser humano a melhor utilização do espaço e do tempo, ao mesmo tempo que preserva as suas forças psíquicas. Teríamos o direito de esperar que ele se estabelecesse desde o início e sem coerção na atividade humana, e podemos nos admirar que esse não seja o caso, que o ser humano, ao contrário, dê mostras de uma inclinação natural para a negligência, a irregularidade e a falta de confiabilidade em relação ao seu trabalho, e só com muito esforço ele possa ser educado para imitar os exemplos celestes.

Beleza, limpeza e ordem ocupam, evidentemente, uma posição especial entre as exigências da cultura. Ninguém irá afirmar que elas seriam tão importantes para a vida quanto o domínio das forças da natureza e de outros fatores que ainda iremos conhecer, e, ainda assim, ninguém irá querer, de bom grado, dispensá-las como se fossem coisas secundárias. Que a cultura não seja concebida apenas para o que é útil é o que mostra o exemplo da beleza, que não queremos que falte entre os interesses da cultura. A utilidade da ordem é bastante evidente; no caso da limpeza, temos de considerar que ela também é exigida pela higiene, e podemos supor que esse contexto não era de todo estranho ao ser humano, mesmo antes da época da prevenção científica das doenças. Mas a utilidade não nos explica esse empenho inteiramente; precisa haver outra coisa em jogo.

Mas não imaginamos poder caracterizar melhor a cultura por nenhum outro traço que através da valorização e do cultivo das mais elevadas atividades psíquicas, das realizações intelectuais, científicas e artísticas, do papel de liderança concedido às ideias na vida dos seres humanos. Entre essas ideias encontram-se, acima de tudo, os sistemas religiosos, sobre cuja complexa estrutura tentei lançar luz em outro lugar;[20] ao lado deles, as especulações filosóficas, e, finalmente, aquilo que podemos chamar de formações de ideal dos seres humanos, suas representações de uma possível perfeição da pessoa isoladamente, do povo, da humanidade inteira, e das exigências que eles apresentam em razão dessas ideias. Que essas criações não sejam independentes uma da outra, mas que sejam muito mais intimamente entrelaçadas entre si, dificulta tanto a sua exposição quanto a sua derivação psicológica. Se supusermos, de maneira bem geral, que o motor de todas as atividades humanas seja a aspiração a duas metas confluentes, a utilidade e o ganho de prazer, então o mesmo deve valer para as manifestações culturais aqui mencionadas, embora isso só seja facilmente visível nas atividades científica e artística. Mas não podemos duvidar que as outras atividades também correspondam a fortes necessidades dos seres humanos, talvez àquelas que só são desenvolvidas em uma minoria. Também não devemos nos deixar equivocar por julgamentos de valor sobre alguns desses sistemas religiosos, filosóficos e alguns desses ideais; quer neles procuremos a mais elevada realização do espírito humano, quer os deploremos como desvios, temos que reconhecer que a sua presença, em especial a sua predominância, significa um alto nível de cultura.

---

[20] Clara alusão ao texto *O futuro de uma ilusão* (*Die Zukunft einer Illusion*) de 1927 que também compõe esta coletânea. (N.R.)

Como último traço característico de uma cultura, certamente não o menos importante, iremos apreciar de que maneira são reguladas as relações dos seres humanos entre si, as relações sociais que dizem respeito ao ser humano na condição de vizinho, de força auxiliar, de objeto sexual para outro, de membro de uma família, de um Estado. Aqui se torna particularmente difícil nos proteger de determinadas exigências ideais e compreender o que é, de fato, cultural. Talvez iniciemos com a explicação de que o elemento cultural passaria a existir com a primeira tentativa de regular essas relações sociais. Se uma tentativa como essa não ocorresse, então essas relações ficariam submetidas à arbitrariedade do indivíduo, isto é, o mais forte fisicamente as decidiria no sentido de seus interesses e suas moções pulsionais. Nada aí mudaria se esse mais forte encontrasse, por sua vez, um indivíduo ainda mais forte. A vida humana em comum só se tornará possível caso se encontre reunida uma maioria que seja mais forte do que cada um dos indivíduos e que se mantenha unida contra cada um dos indivíduos. O poder dessa comunidade opõe-se então como "direito" ao poder do indivíduo, poder esse que vai ser condenado como "violência bruta" [*rohe Gewalt*]. Essa substituição do poder do indivíduo pelo da comunidade é o passo cultural decisivo. Sua essência consiste em que os membros da comunidade limitem-se em suas possibilidades de satisfação, enquanto o indivíduo antes não conhecia nenhuma barreira como essa. A próxima exigência cultural é, portanto, a da justiça, isto é, a garantia de que, uma vez que passe a existir a ordem de direito, ela não seja novamente infringida em favor de um indivíduo. Com isso, não está sendo julgado o valor ético de um direito como esse. Outro caminho do desenvolvimento cultural parece visar a que esse direito não seja mais a expressão da vontade de uma pequena comunidade – casta, camada da população, tribo –, que, em relação a outras massas, talvez mais amplas, porte-se novamente como um indivíduo violento. O resultado final deve ser um direito ao qual todos – pelo menos aqueles capazes de viver em comunidade – contribuíram com seus sacrifícios pulsionais, e que não deixe ninguém – novamente, com a mesma exceção – tornar-se vítima da violência bruta.

A liberdade individual não é nenhum bem cultural. Antes de qualquer cultura ela era maior, no entanto, na época, na maior parte das vezes sem valor, porque o indivíduo quase não era capaz de defendê-la. Com o desenvolvimento cultural, ela sofre restrições, e a justiça exige que ninguém seja delas poupado. O que se manifesta em uma comunidade humana como ímpeto de liberdade pode ser a revolta contra uma injustiça existente e, assim, ser favorável a um desenvolvimento ulterior da cultura, permanecer compatível com a cultura. Mas também pode provir do resto da personalidade originária não domado pela cultura e tornar-se, assim, a base da hostilidade cultural. O ímpeto de liberdade volta-se, portanto, contra determinadas formas e exigências da cultura ou contra a cultura de maneira absoluta. Não parece que, através de algum tipo de influência, seja possível levar o ser humano a converter a sua natureza na de um cupim, ele sempre defenderá muito bem a sua pretensão de liberdade individual contra a vontade da massa. Uma boa parte da luta da humanidade acumula-se ao redor da única tarefa de encontrar um equilíbrio adequado, isto é, que proporcione felicidade, entre essas reivindicações individuais e as reivindicações culturais da massa, e um dos problemas do destino da humanidade é saber se esse equilíbrio pode ser alcançado através de uma determinada configuração da cultura ou se o conflito é irreconciliável.

Ao nos deixarmos indicar, pelo sentimento comum, que traços na vida do ser humano devem ser chamados de culturais, obtivemos uma impressão nítida do quadro geral da cultura, mas certamente sem aprender por ora nada que não seja de conhecimento geral. Ao fazê-lo, guardamo-nos de concordar com o preconceito de que cultura seria sinônimo de aperfeiçoamento, de que seria o caminho traçado para o ser humano em direção à perfeição. Mas agora impõe-se a nós uma perspectiva que talvez leve a outro lugar. O desenvolvimento da cultura parece-nos um processo singular que se desenrola sobre a humanidade, processo no qual muitas coisas nos dão certa impressão de familiaridade. Esse processo nós podemos caracterizar pelas modificações que ele empreende nas conhecidas disposições pulsionais humanas, cuja satisfação não deixa de ser a tarefa econômica de nossa vida. Algumas dessas pulsões são absorvidas de tal maneira que em seu lugar surge alguma coisa que, em um indivíduo isolado [*beim Einzelindividuum*], descrevemos como uma particularidade do caráter. O exemplo mais notável desse processo encontramos no erotismo anal das crianças. Seu interesse originário pela função excretória, seus órgãos e seus produtos transforma-se, no decorrer do crescimento, no grupo de particularidades que nos são conhecidas como parcimônia, senso de ordem e de limpeza, as quais são em si mesmas valiosas e bem-vindas, mas podem intensificar-se até atingir uma predominância flagrante e então produzir o que chamamos de caráter anal. Como isso acontece não sabemos; quanto à exatidão dessa concepção não há nenhuma dúvida.[21] Descobrimos então que ordem e limpeza são

---

[21] Ver Caráter e erotismo anal, 1908 [Charakter und Analerotik] (*Ges. Werke*, VII) e numerosas contribuições posteriores de E. Jones, etc.

exigências culturais essenciais, se bem que a sua necessidade para a vida não fica exatamente clara, muito menos a sua adequação como fontes de fruição. Chegando a esse ponto, a semelhança do processo cultural com o desenvolvimento da libido do indivíduo não podia deixar de se impor a nós em primeiro lugar. Outras pulsões são levadas a deslocar, a transferir para outras vias as condições de sua satisfação, o que, na maioria dos casos, coincide com a *sublimação* (das metas pulsionais), bem conhecida por nós, mas, em outros casos, ainda pode distinguir-se dela. A sublimação da pulsão é um traço particularmente saliente do desenvolvimento da cultura, ela possibilita que atividades psíquicas superiores, científicas, artísticas, ideológicas tenham um papel tão importante na vida cultural. Quando cedemos à primeira impressão, somos tentados a dizer que a sublimação é, sobretudo, um destino imposto às pulsões pela cultura. Mas é melhor refletir mais longamente sobre isso. Em terceiro lugar, finalmente, e isso parece ser o mais importante, é impossível não ver em que medida a cultura é construída sobre a renúncia pulsional, o quanto ela tem como pressuposto precisamente a não satisfação (repressão, recalcamento ou o que mais?) de pulsões poderosas. Esse "impedimento cultural" domina o grande campo das relações sociais dos seres humanos; já sabemos que ele é a causa da hostilidade contra a qual todas as culturas têm de lutar. Ele também colocará pesadas exigências ao nosso trabalho científico; temos aí muita explicação para dar. Não é fácil entender como seria possível subtrair a satisfação de uma pulsão. Isso não se faz inteiramente sem perigo; quando não o compensamos economicamente, devemos estar preparados para sérias perturbações.

Mas se quisermos saber que valor pode reivindicar a nossa concepção do desenvolvimento da cultura enquanto um processo particular, comparável ao amadurecimento normal do indivíduo, é evidente que temos, necessariamente, de atacar outro problema e nos colocar a questão de saber a quais influências o desenvolvimento da cultura deve a sua origem, como ele nasceu e o que determinou seu curso.

IV

Essa tarefa parece desmedida, e podemos admitir a possibilidade de seu fracasso. Mas aqui está o pouco que pude adivinhar.

Depois que o homem primitivo descobriu que estava em suas mãos – a ser entendido literalmente – melhorar a sua sorte na Terra através do trabalho, não lhe podia ser indiferente se outro trabalhasse com ele ou contra ele. O outro ganhou para ele o valor de colaborador, com quem era útil conviver. Ainda anteriormente, em sua pré-histórica forma simiesca, ele adotou o hábito de formar famílias; os membros da família foram provavelmente os seus primeiros ajudantes. Supostamente, a fundação da família estava ligada ao fato de que a necessidade de satisfação genital não mais entrava em cena como um visitante que aparecia de repente em sua casa, e depois de sua partida não dava mais notícias por um longo tempo, mas se estabeleceu no indivíduo como um locatário permanente. Com isso, o macho [*Männchen*] ganhou um motivo para ficar com a mulher [*Weib*] ou, de modo mais geral, com os objetos sexuais perto de si; as fêmeas [*Weibchen*], que não queriam separar-se de seus filhotes indefesos, tiveram também, no interesse deles, de ficar com o macho mais forte.[22]

---

[22] A periodicidade orgânica do processo sexual foi, na verdade, conservada, mas a sua influência sobre a excitação sexual psíquica foi

Nessa família primitiva, constatamos ainda a ausência de um traço essencial da cultura; o arbítrio do chefe supremo e pai era irrestrito. Em *Totem e tabu* tentei indicar o caminho que conduzia dessa família até a fase seguinte de convivência sob

---

antes revertida em seu contrário. Essa modificação está antes de tudo relacionada com a diminuição dos estímulos olfativos, através dos quais o processo de menstruação agia sobre a psique masculina. Seu papel foi assumido por estímulos visuais que, em oposição aos estímulos olfativos intermitentes, puderam manter um efeito permanente. O tabu da menstruação provém desse "recalcamento orgânico" como defesa contra uma fase de desenvolvimento superada; todas as outras motivações são provavelmente de natureza secundária (cf. C. D. Daly, Mitologia hindu e complexo de castração [Hindumythologie und Kastrationskomplex], *Imago*, XIII, 1927). Esse processo se repete em outro nível, quando os deuses de um período cultural superado tornam-se demônios. Mas a própria diminuição dos estímulos olfativos parece ser consequência do afastamento do ser humano em relação à terra, da decisão de andar na posição vertical, que agora tornava os até então recobertos genitais, visíveis e carentes de proteção, provocando, assim, a vergonha. Portanto, no início desse processo cultural catastrófico, estaria situada na adoção da postura ereta do ser humano. O encadeamento, a partir de agora, passa pela desvalorização dos estímulos olfativos e pelo isolamento durante o período menstrual e vai até a preponderância dos estímulos visuais e a visibilidade dos genitais, e depois até a continuidade da excitação sexual, a fundação da família e, com isso ao limiar da cultura humana. Essa é apenas uma especulação teórica, mas suficientemente importante para merecer uma verificação exata das condições de vida dos animais próximos ao ser humano.

Mesmo na avidez cultural por limpeza, que posteriormente encontra uma justificativa em considerações higiênicas, mas que já havia se manifestado antes que estas fossem compreendidas, um fator social é inequívoco. O estímulo para a limpeza nasce da ânsia por eliminar os excrementos que se tornaram desagradáveis para a percepção sensorial. Sabemos que isso é diferente quando se trata da criação das crianças. Os excrementos não provocam nenhuma aversão na criança, eles lhe parecem ter valor enquanto parte que se desprendeu de seu corpo.

a forma de alianças entre irmãos. Depois de vencer o pai, os filhos fizeram a experiência de que a união pode ser mais forte do que o indivíduo. A cultura totêmica baseia-se nas restrições que eles tiveram necessariamente de impor uns aos outros para a manutenção da nova condição. Os preceitos do tabu foram o primeiro "direito". A vida em comum dos seres humanos era, portanto, duplamente constituída, pela coerção ao trabalho, que a necessidade exterior criou, e pelo poder do amor que não queria prescindir, no que diz respeito ao homem, do objeto sexual encontrado na mulher, e à mulher, da porção que dela foi separada, que é a criança. Eros e Ananque também se tornaram os pais da cultura humana. O primeiro resultado foi que agora até mesmo um número

---

A esse respeito, a educação insiste, de maneira especialmente enérgica, na aceleração do curso de desenvolvimento que se aproxima e que irá tornar os excrementos sem valor, asquerosos, repugnantes e desprezíveis. Uma alteração de valor como essa não seria possível se esses materiais expelidos do corpo não fossem condenados, por seus fortes odores, a partilhar do destino reservado aos estímulos olfativos, depois que o ser humano em postura ereta se afastou do solo. O erotismo anal sucumbiu, portanto, primeiro ao "recalcamento orgânico", que preparou o caminho para a cultura. O fator social, que providencia a transformação posterior do erotismo anal, encontra-se atestado pelo fato de que, apesar de todos os avanços do desenvolvimento, o odor de seus próprios excrementos quase não é inconveniente para o ser humano, apenas o das excreções do outro. Aquele que não é asseado, ou seja, aquele que não esconde os seus excrementos está, portanto, ofendendo o outro, não mostrando nenhuma consideração com ele, e é isso mesmo que sugerem os xingamentos mais fortes e mais comuns. Porque seria incompreensível o ser humano usar o nome de seu amigo mais fiel do mundo animal como xingamento, se o cão não atraísse o desprezo do ser humano por duas particularidades: por ser um animal olfativo, que não se intimida diante de excrementos, e por não se envergonhar de suas funções sexuais.

maior de seres humanos podia viver em comunidade. E como nesse caso duas grandes potências agiam juntas, foi possível esperar que o desenvolvimento seguinte fosse se consumar de maneira suave, com um domínio cada vez maior do mundo exterior, bem como com a ampliação contínua do número de pessoas incluídas na comunidade. Então, não entendemos facilmente como essa cultura pode ter outro efeito sobre seus participantes que não seja o de fazê-los felizes.

Antes que investiguemos de onde uma perturbação pode vir, façamos uma digressão tomando o amor como um fundamento da cultura, para preenchermos uma lacuna deixada em uma discussão anterior. Dissemos que a experiência de que o amor sexual (genital) proporciona ao ser humano as mais fortes experiências de satisfação, fornecendo-lhe propriamente o exemplo para toda a felicidade, deveria ter-lhe sugerido que continuasse a procurar a satisfação da felicidade para a sua vida no terreno das relações sexuais, e que situasse o erotismo genital no centro da vida. E prosseguimos dizendo que, por esse caminho, iríamos nos tornar, da maneira mais problemática, dependentes de uma parcela do mundo exterior, a saber, do objeto de amor escolhido, e que iríamos nos expor ao maior dos sofrimentos, caso fôssemos por ele desdenhados, ou o perdêssemos por infidelidade ou por morte. Por isso, os sábios de todos os tempos desaconselharam expressamente esse caminho de vida; no entanto, ele não perdeu a sua atração para um grande número de criaturas humanas.

A uma escassa minoria, por sua constituição, ainda assim é possível encontrar a felicidade pela via do amor, mas, para isso, são indispensáveis amplas modificações da função do amor. Essas pessoas se desobrigam da aceitação do objeto, quando deslocam o valor maior de ser amado para o próprio amor; elas protegem-se contra a sua perda quando dirigem o seu amor não a objetos específicos, mas, na mesma medida, a todos os seres humanos, e elas evitam as oscilações e as desilusões do amor genital desviando-se de sua meta sexual e transformando a pulsão em uma moção *inibida quanto à meta*. O que, dessa maneira, elas provocam em si mesmas, esse estado de um sentimento equilibrado, inconfundível, terno, não tem muita semelhança exterior com a vida amorosa genital, de agitação turbulenta, da qual ela no entanto é derivada. São Francisco de Assis pode ter levado mais longe essa utilização do amor em favor do sentimento de felicidade interior; aquilo que reconhecemos como uma das técnicas de realização do princípio de prazer foi também, de várias maneiras, vinculado à religião, com a qual ele deve estar associado nas remotas regiões em que é ignorada a distinção entre o Eu e os objetos e destes entre si. Uma observação ética, cuja motivação mais profunda ficará clara para nós, quer ver nessa propensão ao amor pelos seres humanos e pelo mundo em geral a posição mais elevada à qual o ser humano pode chegar. Já aqui gostaríamos de colocar nossas duas objeções principais. Um amor que não escolhe parece-nos perder uma parte de seu próprio valor, pois está cometendo uma injustiça com o objeto. E mais: nem todos os seres humanos merecem ser amados.

Aquele amor que fundou a família continua operando na cultura, em sua conformação originária, na qual ele não renuncia à satisfação sexual direta, bem como em sua forma modificada, enquanto ternura de meta inibida. Sob as duas formas, ele prossegue com a sua função de ligar um número maior de seres humanos uns aos outros, e de maneira mais intensa do que alcança o interesse da comunidade de trabalho. O descuido da linguagem no emprego da palavra "amor" encontra uma justificativa genética. Chamamos de amor a relação entre o homem e a mulher que, em razão de suas necessidades genitais, fundaram uma família; mas também chamamos de amor os sentimentos positivos entre pais e filhos, entre os irmãos e irmãs na família, apesar de termos necessariamente de descrever essa relação como amor de meta inibida, como ternura. É que o amor de meta inibida foi originariamente amor plenamente sensual e ainda o é no inconsciente do ser humano. Ambos, amor plenamente sensual e amor de meta inibida, ultrapassam a família e estabelecem novas ligações com pessoas, até então, desconhecidas. O amor genital leva a novas formações de família, o amor inibido quanto à meta leva a "amizades" que se tornam cultural-mente importantes, porque elas escapam a muitas das limitações do amor genital, por exemplo, à sua exclusi-vidade. Mas a relação do amor com a cultura perde, no curso do desenvolvimento, seu caráter inequívoco. De um lado, o amor opõe-se aos interesses da cultura, e de outro, a cultura ameaça o amor com sensíveis restrições.

Essa desavença parece inevitável; seu motivo não pode ser reconhecido imediatamente. Ela se manifesta primeiro como um conflito entre a família e a comunidade maior, à qual pertence o indivíduo. Já havíamos intuído que uma das principais ambições da cultura é aglomerar os seres humanos em grandes unidades. Mas a família não quer liberar o indivíduo. Quanto mais íntima for a coesão en-tre os membros da família, mais e com maior frequência eles tendem a se isolar dos outros, e mais difícil lhes será a entrada no círculo mais amplo da vida. O modo de vida em comum mais antigo filogeneticamente, só existente na infância, resiste a ser substituído pelo modo de convivência cultural adquirido posteriormente. Desprender-se da família torna-se, para cada adolescente, uma tarefa em cuja solução a sociedade frequentemente o apoia através de ritos de puberdade e de iniciação. Ficamos com a impressão de que estas seriam dificuldades que pesam sobre qualquer desenvolvimento psíquico, e até mesmo, no fundo, sobre qualquer desenvolvimento orgânico.

Além disso, as mulheres logo entram em oposição com a corrente de cultura e deflagram a sua influência que retarda e retém as mesmas mulheres que, no início, através das exigências do seu amor, haviam estabelecido o fundamento da cultura. As mulheres representam os interesses da família e da vida sexual; o trabalho de cultura tornou-se cada vez mais um assunto dos homens, coloca-lhes tarefas cada vez mais difíceis, obriga-os a sublimações pulsionais, às quais as mulheres estão menos preparadas. Já que o ser humano não dispõe de quantidades ilimitadas de energia psíquica, ele tem necessariamente de resolver as suas tarefas por meio de distribuição adequada da libido. O que ele utiliza para fins culturais ele subtrai em grande parte das mulheres e da vida sexual: a constante convivência com homens, sua dependência dos relacionamentos com eles, afastam-no até mesmo de suas tarefas de marido e de pai. É assim que a mulher se vê relegada ao segundo plano pelas exigências da cultura e entra em uma relação hostil com ela.

Da parte da cultura, a tendência à restrição da vida sexual não é menos nítida do que a outra tendência, a da expansão do círculo cultural. Já a primeira fase de cultura, a do totemismo, traz consigo a proibição da escolha incestuosa de objeto, talvez a mutilação mais contundente que a vida amorosa humana experimentou ao longo dos tempos. Por meio do tabu, da lei e dos costumes, são estabelecidas outras restrições que atingem tanto os homens quanto as mulheres. Nem todas as culturas vão igualmente longe nesse ponto; a estrutura econômica da sociedade influencia também a medida da liberdade sexual restante. Já sabemos que nesse aspecto a cultura segue a coerção da necessidade econômica, uma vez que ela precisa retirar da sexualidade um grande montante de energia psíquica que ela mesma consome. Nessa circunstância, a cultura se conduz em relação à sexualidade como uma tribo ou uma camada da população que submeteu outra à sua exploração. O medo da rebelião dos reprimidos leva a rigorosas medidas de precaução. Nossa cultura europeia ocidental mostra um ponto alto desse desenvolvimento. É inteiramente justificado, psicologicamente, que ela comece por proibir as manifestações da vida sexual infantil, pois não há nenhuma perspectiva de contenção dos apetites sexuais dos adultos se não tiver sido antecipado um trabalho com ela na infância. Só não se deixa justificar de forma alguma o fato de a sociedade de cultura ter chegado ao ponto de negar também esses fenômenos facilmente comprováveis e mesmo notáveis. A escolha de objeto do indivíduo sexualmente maduro é restrita ao sexo oposto, a maior parte das satisfações extragenitais são interditadas como perversões. A exigência de uma vida sexual de mesma natureza para todos anunciada nessas proibições coloca-se para além das desigualdades na constituição inata e adquirida dos seres humanos, bloqueia o gozo sexual para um grande número deles, tornando-se assim a fonte de uma grave injustiça. O êxito dessas medidas restritivas poderia ser, então, que para aqueles que são normais, que não foram impedidos constitucionalmente, todo o interesse sexual flua, sem perdas, para os canais que foram deixados abertos. Mas aquilo que ficou livre da proscrição, o amor genital heterossexual, continua a sofrer o prejuízo através das limitações da legitimidade e da monogamia. A cultura atual dá claramente a entender que só irá autorizar as relações sexuais com base em uma ligação única, indissolúvel, entre um homem e uma mulher; que não lhe agrada a sexualidade como fonte independente de prazer e que só está disposta a tolerá-la como fonte, até agora insubstituível, de reprodução de seres humanos.

Trata-se, naturalmente, de um extremo. Sabemos que isso se provou impraticável, mesmo por breves períodos. Só os fracos se resignaram perante uma invasão tão ampla em sua liberdade sexual; naturezas mais fortes só o fizeram sob a condição de uma compensação, sobre a qual poderemos falar mais adiante. A sociedade cultural se viu obrigada a aceitar em silêncio muitas transgressões que, de acordo com os seus regulamentos, ela deveria ter perseguido. Apesar de tudo, não podemos cair no erro contrário e supor que uma atitude cultural como essa seria absolutamente inofensiva por não ter atingido todos os seus propósitos. A vida sexual do ser humano de cultura, no entanto, foi seriamente lesada, provocando, às vezes, a impressão de uma função em estado de involução, assim como parecem estar, enquanto órgãos, nossos dentes e o nosso cabelo. Provavelmente temos o direito de supor que a sua importância diminuiu sensivelmente enquanto fonte de sensações de felicidade, portanto, enquanto realização do nosso propósito de vida.[23] Às vezes

---

[23] Entre as criações literárias do sensível inglês J. Galsworthy, que hoje desfruta de reconhecimento geral, bem cedo apreciei uma pequena história intitulada "The appletree" [A macieira]. Ela mostra, de maneira veemente, como, na vida do homem de cultura atual, não há mais nenhum espaço para o amor simples e natural de duas criaturas humanas.

pensamos reconhecer que não é apenas a pressão da cultura, mas algo na essência da própria função que nos impede a satisfação completa e nos força a outros caminhos. Pode ser um erro, é difícil de decidir.[24]

---

[24] Algumas observações para apoiar a suposição mencionada acima: até mesmo o ser humano é um ser animal de disposição bissexual inequívoca. O indivíduo corresponde a uma fusão de duas metades simétricas, das quais, na visão de muitos pesquisadores, uma é puramente masculina, e a outra é feminina. É igualmente possível que cada metade tenha sido hermafrodita originariamente. A sexualidade é um fato biológico que, embora de importância extraordinária para a vida anímica, é psicologicamente difícil de compreender. Estamos acostumados a dizer: todo ser humano exibe moções pulsionais, necessidades, propriedades tanto masculinas quanto femininas, no entanto, o caráter do que é masculino e do que é feminino a Anatomia bem que pode apontar, mas não a Psicologia. Para esta, a oposição sexual se desvanece na oposição entre atividade e passividade, e é por isso que nós deixamos coincidir, sem muita preocupação, a atividade com a masculinidade e a passividade com a feminilidade, o que de modo algum se confirma sem exceções na série animal. A doutrina da bissexualidade está ainda muito obscura, e o fato de que ela ainda não tenha encontrado nenhuma conexão com a doutrina das pulsões deve necessariamente ser sentido pela Psicanálise como uma grave perturbação. Seja como for, se aceitarmos como fato que o indivíduo, em sua vida sexual, quer satisfazer desejos tanto masculinos quanto femininos, estaremos preparados para a possibilidade de que essas reivindicações não sejam realizadas pelo mesmo objeto, e de que elas se perturbem mutuamente quando não conseguirem manter-se separadas uma da outra e conduzir cada moção por uma trilha especial, adequada a ela. Outra dificuldade surge da circunstância de que a relação erótica, além de seus próprios componentes sádicos, encontra-se muito frequentemente acompanhada de uma quantidade de pura inclinação à agressão. O objeto de amor nem sempre mostrará tanta compreensão e tolerância para com essas complicações quanto aquela camponesa que se queixava de que seu marido não a amava mais, porque fazia uma semana que não a espancava. Mas a suposição que chega mais fundo é aquela que se liga às explicações da nota das páginas 61-63, e segundo a qual,

V

O trabalho psicanalítico nos ensinou que justamente esses impedimentos à vida sexual não são tolerados pelos assim chamados neuróticos. Eles criam para si em seus sintomas satisfações substitutivas que, entretanto, ou criam elas mesmas os sofrimentos, ou se tornam fontes de sofrimento, na medida em que lhes causam dificuldades com o mundo ao seu redor

---

com postura ereta dos humanos, e a desvalorização do sentido olfativo, a sexualidade como um todo, e não apenas o erotismo anal, ameaçava se tornar uma vítima do recalcamento orgânico, de modo que, desde então, a função sexual é acompanhada por uma repugnância, não justificável de outra maneira, que impede uma satisfação completa, forçando-a a se afastar da meta sexual, em direção a sublimações e deslocamentos de libido. Sei que Bleuler ("A resistência sexual" [Der Sexualwiderstand], *Jahrbuch für psychoanalyt. und psychopathol. Forschungen*, v. V, 1913) uma vez fez alusão à existência de uma posição originária de recusa como essa em relação à vida sexual. Todos os neuróticos e muitos além deles ficam chocados com o fato de que *inter urinas et faeces nascimur* [nascemos entre urina e fezes]. Os genitais também produzem fortes sensações olfativas que são intoleráveis para muitos seres humanos e lhes estraga o prazer do intercurso sexual. É assim que surgiria, como a raiz mais profunda do recalcamento sexual que avança com a cultura, a defesa orgânica da nova forma de vida adquirida com a postura ereta, oposta à existência animalesca anterior, um resultado da investigação científica que coincide, de maneira notável, com os preconceitos banais que se fizeram ouvir com frequência. Mesmo assim, estas são, no momento, apenas possibilidades incertas, não corroboradas pela ciência. Também não podemos esquecer que, apesar da inegável desvalorização dos estímulos olfativos, existem povos, mesmo na Europa, que têm em alta estima, como meios estimulantes da sexualidade, os fortes odores genitais tão repugnantes para nós, e não querem renunciar a eles. (Ver os levantamentos folclóricos consecutivos à "enquete" de Iwan Bloch, *Sobre o sentido olfativo na vita sexualis* [Über den Geruchssinn in der vita sexualis], em anos diferentes de *Anthroprophyteia*, de Friedrich S. Krauß.)

e com a sociedade. Este último caso é fácil de compreender, o outro nos coloca um novo enigma. Mas a cultura exige ainda outros sacrifícios além do da satisfação sexual.

Concebemos a dificuldade do desenvolvimento cultural como uma dificuldade geral de desenvolvimento, remetendo-a à inércia da libido, à sua aversão a abandonar uma antiga posição por uma nova. Dizemos mais ou menos o mesmo quando fazemos derivar a oposição entre cultura e sexualidade do fato de que o amor sexual é uma relação entre duas pessoas, na qual um terceiro só pode ser supérfluo ou perturbador, enquanto a cultura está apoiada em relações entre um número maior de pessoas. No auge de um relacionamento amoroso não resta nenhum interesse pelo mundo ao nosso redor; o casal de amantes basta a si mesmo e nem sequer precisa do filho em comum para ser feliz. Em nenhum outro caso Eros revela tão claramente o núcleo de seu ser, a intenção de fazer um a partir de vários, mas, assim como isso se tornou proverbial, tão logo ele o conseguiu com o enamoramento entre duas pessoas, ele não quer ir além.

Até aqui, podemos imaginar muito bem que uma comunidade de cultura seja composta de indivíduos duplos como esses, que, libidinalmente saciados em si mesmos, estejam vinculados uns aos outros através do laço da comunidade de trabalho e de interesses. Nesse caso, a cultura não precisaria extrair nenhuma energia da sexualidade. Mas esse desejável estado não existe e nunca existiu; a realidade nos mostra que a cultura não se contenta com as ligações que até agora lhe foram concedidas, que ela também quer ligar libidinalmente os membros da comunidade, que ela se serve de todos os meios, privilegia qualquer caminho, para estabelecer fortes identificações entre eles, e reúne um nível máximo de libido inibida quanto à meta para fortalecer os laços comunitários com relações de amizade. Para a realização desses propósitos, será inevitável a restrição da vida sexual. Mas o que nos falta é compreender a necessidade que impele a cultura por esse caminho e que justifica a sua oposição à sexualidade. Só pode se tratar de um fator perturbador que ainda não descobrimos.

Uma das assim chamadas exigências ideais da sociedade de cultura pode aqui nos mostrar a pista. Ela enuncia: amarás o próximo como a ti mesmo; ela é conhecida no mundo inteiro, é com certeza mais antiga do que o cristianismo que a apresenta como a sua exigência mais digna de orgulho, mas seguramente não é tão antiga assim; em épocas já históricas ela ainda era estranha aos seres humanos. Iremos nos posicionar ingenuamente em relação a ela, como se ouvíssemos falar dela pela primeira vez. Assim, não poderemos reprimir um sentimento de surpresa e de estranhamento. Por que faríamos isso? Em que isso nos ajudaria? Mas, sobretudo, como colocaríamos isso em prática? Como isso nos seria possível? Meu amor é algo que me é precioso, algo que não tenho o direito de descartar irresponsavelmente. Ele me impõe deveres, para os quais eu preciso estar preparado para cumprir com sacrifícios. Quando eu amo outra pessoa, ela tem de merecê-lo de alguma maneira (estou desconsiderando a vantagem que ela possa me trazer, bem como a sua possível importância para mim como objeto sexual; essas duas espécies de relação não são levadas em conta no preceito do amor ao próximo). Ela irá merecê-lo se for tão semelhante a mim em aspectos importantes que nela eu possa amar a mim mesmo; irá merecê-lo se for tão mais perfeita do que eu que nela eu possa amar o meu ideal de minha própria pessoa; tenho de amá-la se for o filho de meu amigo, pois a dor do amigo, caso um sofrimento o atinja, seria também a minha dor, eu teria de partilhá-la. Mas, se ela me for desconhecida, se não puder atrair-me por meio de nenhum valor próprio, por nenhuma importância que já tenha assumido em minha vida afetiva, ser-me-á difícil amá-la. E até mesmo eu estaria sendo injusto ao fazê-lo, pois o meu amor é considerado por todos os meus como uma preferência; seria uma injustiça contra eles colocar-lhes um estranho em pé de igualdade. Mas se for meu dever amá-la, com o amor universal, apenas porque ela também é um ser desta Terra, como o inseto, como a minhoca, como uma cobra-d'água, então, temo que lhe caberá uma quantia irrelevante de amor, que não poderia ser tanto quanto aquela que, de acordo o julgamento da razão, eu tenha o direito de reservar para mim mesmo. Para que serve um preceito apresentado de maneira tão solene se o seu cumprimento não pode ser recomendado como razoável?

Se olho mais de perto, encontro ainda mais dificuldades. Não apenas esse desconhecido não é, em geral, digno de ser amado – e é preciso que eu o reconheça honestamente –, ele tem é mais direito à minha hostilidade, até mesmo ao meu ódio. Ele parece não ter o mínimo amor por mim, não demonstra por mim a menor consideração. Ele não hesita em me prejudicar, caso isso lhe traga alguma vantagem, e nem ao menos se pergunta se o grau do seu benefício corresponde ao tamanho do dano que ele me causa. Além do mais, ele não precisa nem mesmo tirar vantagem desse fato; se com isso ele puder apenas satisfazer um prazer qualquer, ele não hesitará em me ridicularizar, ofender-me, caluniar-me, em mostrar seu poder sobre mim, e, quanto mais seguro ele se sente e mais desamparado eu fico, com maior certeza poderei esperar essa conduta dele contra mim. Se acontecer de ele se conduzir de modo diferente, se ele mostrar a mim, enquanto desconhecido, consideração e respeito, estou disposto a lhe retribuir de maneira semelhante, sem mais, sem aquele preceito. Aliás, se esse mandamento grandioso dissesse: Ama teu próximo como o teu próximo te ama, eu não o contestaria. Há um segundo mandamento que me parece ainda mais incompreensível e desencadeia em mim uma oposição ainda mais forte. Ele diz: ama teus inimigos. Mas, se penso bem, não tenho razão para rejeitá-lo como se fosse uma impertinência ainda mais forte. No fundo, é a mesma coisa.[25]

Acredito estar ouvindo agora a advertência de uma voz plenamente digna: é justamente porque o próximo não é digno de ser amado, mas, ao contrário, é seu inimigo, que você deve amá-lo como a si mesmo. Compreendo então que esse é um caso semelhante ao *Credo quia absurdum* [Creio porque é absurdo].

Então é muito provável que o próximo, ao ser intimado a me amar como a si mesmo, responda exatamente como eu e me rejeite com os mesmos argumentos. Espero que,

---

[25] Um grande poeta pode autorizar-se a expressar, ao menos de maneira jocosa, verdades psicológicas severamente proibidas. Heinrich Heine assim o confessa: "Eu tenho um modo de pensar dos mais pacíficos. Meus desejos são: uma modesta cabana, um teto de palha, mas uma boa cama, uma boa comida, leite e manteiga bem frescos, flores na janela, belas árvores na frente da porta, e se o bom Deus quiser me fazer bem feliz, ele irá me permitir experimentar a alegria de que nessas árvores estejam enforcados, digamos, seis ou sete de meus inimigos. Com o coração compadecido diante de sua morte, eu os perdoarei por toda injustiça que me infligiram na vida – é verdade que temos de perdoar os nossos inimigos, mas não antes que sejam enforcados" (Heine, *Pensamentos e ideias espontâneas* [*Gedanken und Einfälle*]).

objetivamente, não com o mesmo direito, mas é certo que pensará a mesma coisa. Ainda assim, há diferenças na conduta dos seres humanos, que a Ética [*Ethik*], desconsiderando aquilo que as condiciona, classifica como "boas" e "más". Enquanto essas diferenças inegáveis não forem eliminadas, a observância das altas exigências éticas irá significar um prejuízo aos propósitos da cultura, posto que ela, pura e simplesmente, estabelece prêmios para a maldade. Não podemos descartar aqui a lembrança de um incidente ocorrido no Parlamento francês, quando estava sendo negociada a pena de morte; um orador vinha intervindo ardentemente a favor de sua abolição e recebeu tempestuosos aplausos, quando uma voz vinda do salão os interrompeu com as palavras: "*Que messieurs les assassins commencent!*" [Que os senhores assassinos comecem!].[26]

Por trás de tudo isso, o que há de realidade negada de bom grado é que o ser humano não tem uma natureza pacata, ávida de amor, e que no máximo até consegue defender-se quando atacado, mas que, ao contrário, a ele é dado o direito de também incluir entre as suas habilidades pulsionais uma poderosa parcela de inclinação para a agressão. Em consequência disso, o próximo não é, para ele, apenas um possível colaborador e um objeto sexual, mas é também uma tentação, de com ele satisfazer a sua tendência

---

[26] Freud havia aludido a essa frase em carta a Fließ, de 6 de abril de 1897. O episódio remonta, segundo a anotação das *Oeuvres Complètes* (v. XVIII, p. 297, nota b) à revista satírica *Les Guêpes*, em que Alphonse Karr, ao falar da abolição da pena de morte em assuntos de políticas, escreve: "*Si l'on veut abolir la peine de mort en ce cas, que M.M. les assassins commencent: qu'ils ne tuent pas, on les tuera pas*" ("Se quisermos abolir a pena de morte nesses casos, que os senhores assassinos comecem: se eles não mataram, nós não os mataremos"). (N.E.)

à agressão, de explorar a sua força de trabalho sem uma compensação, de usá-lo sexualmente sem o seu consentimento, de se apropriar de seus bens, de humilhá-lo, de lhe causar dores, de martirizá-lo e de matá-lo. *Homo homini lupus*[27] [o homem é o lobo do homem]; quem é que tem a coragem, depois de todas as experiências da vida e da história, de contestar essa frase? Via de regra, essa agressão cruel aguarda uma provocação, ou coloca-se a serviço de algum outro intuito, cuja meta também poderia ser alcançada por meios mais suaves. Em circunstâncias que lhe são favoráveis, quando foram excluídas as forças anímicas contrárias que costumam inibi-la, ela se manifesta, até mesmo espontaneamente, revelando o ser humano como uma besta selvagem, alheia à tendência de poupar a própria espécie. Aquele que relembrar as atrocidades durante a migração dos povos, as invasões dos hunos, aqueles que chamamos de mongóis sob o comando de Gengis Khan e Tamerlão, a conquista de Jerusalém pelos devotos cruzados e até mesmo os horrores da última Guerra Mundial terá de se curvar humildemente diante da facticidade dessa concepção.

A existência dessa inclinação para a agressão, que podemos perceber em nós mesmos, e com razão pressupor nos outros, é o fator que perturba a nossa relação com o próximo e obriga a cultura a arcar com seus custos. Em consequência dessa hostilidade primária dos seres humanos entre si, a sociedade de cultura está constantemente ameaçada de se desintegrar. O interesse da comunidade de trabalho não a manteria unida; paixões pulsionais são mais

---

[27] A sentença, formulada pelo comediante romano Plauto (254-184 a.C.), foi tornada célebre por Thomas Hobbes, filósofo inglês do século XVII, em sua obra *Do cidadão*. (N.E.)

fortes do que interesses sensatos. A cultura precisa tudo mobilizar para colocar barreiras às pulsões de agressão dos seres humanos, para suprimir as suas manifestações através de formações reativas. Daí, portanto, o recurso a métodos que devem estimular os seres humanos a identificações e a ligações amorosas inibidas quanto à meta, daí a restrição à vida sexual, e daí também o mandamento ideal de amar o próximo como se ama a si mesmo, que realmente se justifica pelo fato de nada ser tão contrário à natureza humana originária. A despeito de todo esse esforço, esse empenho cultural não obteve muito até agora. Ele espera prevenir os excessos mais grosseiros da violência brutal, dando a si mesmo o direito de exercer violência contra os criminosos, mas a lei não consegue compreender as manifestações mais prudentes e refinadas da agressão humana. Cada um de nós acaba desistindo, vendo como ilusões as expectativas que na juventude tínhamos em relação aos nossos semelhantes, e podemos aprender o quanto a vida nos ficou difícil e dolorosa por causa de sua maldade. Por outro lado, seria uma injustiça censurar a cultura por querer excluir a luta e a competição das atividades humanas. Elas são certamente imprescindíveis, mas um antagonismo não é necessariamente uma hostilidade; a primeira é apenas mal utilizada como pretexto para a segunda.

Os comunistas acreditam ter encontrado o caminho para a solução do mal. O homem seria inequivocamente bom e bem intencionado em relação ao próximo, mas a instituição da propriedade privada teria corrompido a sua natureza. A posse de bens privados confere poder ao indivíduo e, com isso, a tentação de maltratar o próximo; aquele que foi excluído da posse irá, necessariamente, revoltar-se contra o opressor, com hostilidade. Se a propriedade privada fosse eliminada, se todos os bens fossem tornados comuns e se todos os seres humanos pudessem usufruir desses bens, a maldade e a hostilidade desapareceriam entre os seres humanos. Já que todas as necessidades estariam satisfeitas, ninguém teria motivos para ver o outro como inimigo e todos se submeteriam de boa vontade ao trabalho necessário. Não tenho como fazer a crítica econômica do sistema comunista e não tenho como investigar se a abolição da propriedade privada é conveniente e vantajosa.[28] Mas sou capaz de reconhecer em seu pressuposto psicológico uma ilusão insustentável. Com a abolição da propriedade privada, privamos do prazer humano com a agressão uma de suas ferramentas, certamente uma ferramenta poderosa, mas não a mais poderosa. Nada é alterado, nem mesmo em sua essência, no que diz respeito às diferenças de poder e de influência, de que a agressão faz uso abusivo para os seus propósitos. A agressão não foi criada pela propriedade, ela reinava, quase que irrestritamente, em tempos pré-históricos, quando a propriedade era ainda muito inexpressiva, mas ela já aparece na criação familiar, mal a propriedade tinha acabado de abandonar a sua forma anal originária, ela forma o sedimento de todas as relações ternas e amorosas entre os seres humanos, talvez com a única exceção da relação de uma

---

[28] Aquele que, em sua juventude, amargou a desgraça da pobreza, experimentou a indiferença e a arrogância dos abastados, deveria estar protegido da suspeita de não mostrar nenhuma compreensão e boa vontade em relação aos esforços para lutar contra a desigualdade de bens e o que dela deriva. Mas é evidente que se essa luta quer apelar para a exigência abstrata de justiça na igualdade de todos os seres humanos, será muito fácil objetar que a natureza, por dotar os indivíduos com atributos físicos e dons intelectuais altamente desiguais, instaurou injustiças contra as quais não há remédio.

mãe para com seu filho homem. Se eliminamos o direito pessoal aos bens materiais, permanece ainda o privilégio proveniente das relações sexuais, que necessariamente irá tornar-se a fonte mais intensa de desgosto e da hostilidade mais acirrada entre os seres humanos que até então estavam em pé de igualdade. Se abolirmos também esse privilégio por meio da total liberação da vida sexual, se, portanto, abolirmos a família, que é a célula germinal da cultura, certamente não poderemos prever que novos caminhos pode tomar o desenvolvimento da cultura, mas uma coisa temos o direito de esperar: que esse traço indestrutível da natureza humana também acompanhará esse desenvolvimento aonde quer que ele vá.

Evidentemente não será fácil para os seres humanos renunciar à satisfação dessa tendência à agressão; eles não se sentem bem em relação a ela. Não deve ser menosprezada a vantagem de um círculo cultural mais restrito, a de permitir à pulsão encontrar uma saída na hostilização daqueles que se acham fora dele. Sempre é possível ligar um grande número de pessoas pelo amor, desde que restem outras para que se exteriorize a agressividade. Uma vez, ocupei-me com o fenômeno de que justamente comunidades vizinhas e até próximas umas das outras em outros aspectos atacam-se e ridicularizam-se, como os espanhóis e os portugueses, os alemães do norte e os do sul, os ingleses e os escoceses, etc. Dei a esse fenômeno o nome de "narcisismo das pequenas diferenças",[29] o que não traz muita contribuição para a sua explicação. Passamos a reconhecer

---

[29] A expressão surge pela primeira vez em "O tabu da virgindade" (na coleção Obras Incompletas de Sigmund Freud, no volume *Amor, sexualidade, feminilidade*, p. 164). (N.E.)

nele uma satisfação conveniente e relativamente inofensiva da tendência à agressão, através da qual é facilitada a coesão dos membros da comunidade. Desse modo, o povo dos judeus, espalhado em todas as direções, prestou os méritos mais dignos de reconhecimento vindos de todos os lados da cultura dos povos que os acolheram; infelizmente todas as matanças de judeus da Idade Média não bastaram para tornar essa época mais pacífica e mais segura para os seus companheiros cristãos. Depois que o apóstolo Paulo fez do amor universal pela humanidade o fundamento de sua comunidade cristã, a extrema intolerância do cristianismo contra aqueles que permaneceram de fora tornou-se uma consequência inevitável; os romanos, que não fundaram no amor a sua comunidade estatal, desconheciam a into-lerância religiosa, embora, para eles, a religião fosse um assunto do Estado e o Estado estivesse impregnado de religião. Também não foi nenhum acaso incompreensível o fato de o sonho de um império germânico mundial ter convocado, como seu complemento, o antissemitismo, e reconhecemos como compreensível que a tentativa de edificar uma nova cultura comunista na Rússia encontre a sua sustentação psicológica na perseguição aos burgueses. Só nos perguntamos preocupados o que farão os sovietes depois que tiverem exterminado os seus burgueses.

Se a cultura impõe, não apenas à sexualidade, mas tam-bém à tendência à agressão do ser humano, tão grandes sacrifícios, então entendemos melhor por que se torne di-fícil para o ser humano nela sentir-se feliz. Para o homem pré-histórico, as coisas eram de fato melhores nesse aspecto, pois ele não conhecia nenhuma restrição à pulsão. Em con-trapartida, a sua garantia de desfrutar dessa felicidade por longo tempo era das mais exíguas. O ser humano de cultura trocou um tanto da possibilidade de felicidade por um tanto de segurança. No entanto, não devemos esquecer que na família pré-histórica apenas o chefe desfrutava de uma liberdade pulsional como essa; os outros viviam sob opressão escrava. A oposição entre uma minoria que desfrutava das vantagens da cultura e uma maioria que foi destituída dessas vantagens era, portanto, naquela época originária, levada ao extremo. Sobre os homens primitivos que vivem em nossos dias, aprendemos, através da mais cuidadosa averiguação, que de forma alguma temos o direito de invejar a sua vida pulsional por sua liberdade; ela está submetida a restrições de outra ordem, mas talvez de um rigor maior do que a do moderno ser humano de cultura.

Quando objetamos ao nosso estado atual de cultura, e com razão, o quão insuficientemente ele satisfaz nossas exigências por uma organização de vida que nos faça felizes; quando objetamos contra o tanto de sofrimento com que ele consente e que poderia ser evitado; quando, com crítica impiedosa, esforçamo-nos por expor as raízes de sua imperfeição, estamos exercendo o nosso simples direito, e não nos colocando como inimigos da cultura. Temos o direito de esperar que, em nossa cultura, pouco a pouco se façam valer essas alterações que satisfaçam melhor as nossas necessidades e que escapem a essa crítica. Mas talvez também nos familiarizemos com a ideia de que existem dificuldades inerentes à essência da cultura e que não cederão a nenhuma tentativa de reforma. Além das tarefas de restrição pulsional, para as quais estamos preparados, impõe-se a nós o perigo de um estado que podemos chamar de "a miséria psicológica da massa". Tal perigo é mais ameaçador lá onde a ligação social é estabelecida sobretudo por identificação dos participantes entre si, enquanto personalidades de liderança não atingem aquela importância que lhes seria devida na formação de massa.[30] O atual estado de cultura dos Estados Unidos da América forneceria uma boa oportunidade para estudar esse temido dano cultural. Mas resisto à tentação de entrar na crítica da cultura desse país; não quero suscitar a impressão de que quisesse eu mesmo me servir de métodos norte-americanos.

VI

Em nenhum trabalho tive, como dessa vez, a sensação tão forte de apresentar algo que é de conhecimento geral, de desperdiçar papel e tinta e, na sequência, o trabalho do tipógrafo e a tinta de impressão, para relatar coisas que, afinal, são evidentes por si mesmas. É por isso que de bom grado irei tirar proveito do fato de ter surgido um indício de que o reconhecimento de uma pulsão de agressão peculiar e autônoma possa significar uma modificação na doutrina psicanalítica das pulsões.

Acabará sendo revelado que isso não é bem assim, que se trata simplesmente de compreender de modo mais rigoroso uma viragem há muito consumada e persegui-la em suas consequências. De todos os aspectos da teoria analítica desenvolvidos gradualmente, foi a doutrina das pulsões que, tateando, avançou com mais dificuldades. E, no entanto, ela era tão indispensável ao conjunto que foi preciso colocar alguma coisa em seu lugar. Na completa desorientação dos inícios, a máxima do filósofo-poeta Schiller me deu o primeiro ponto de apoio, de que "a fome e o amor"

---

[30] Ver: Psicologia de massas e análise do Eu [Massenpsychologie und Ich-Analyse], 1931 (*Ges. Werke*, XIII).

mantêm coesa a engrenagem do mundo. A fome podia ser considerada representante dessas pulsões que querem conservar o indivíduo, o amor anseia por objetos; sua função principal, favorecida de todas as maneiras pela natureza, é a da conservação da espécie. Foi assim que primeiramente as pulsões do Eu e as pulsões de objeto opuseram-se umas às outras. Para a energia das últimas, e exclusivamente para ela, introduzi o nome de libido; estava assim em curso a oposição entre as pulsões do Eu e as pulsões "libidinais" de amor, no sentido mais amplo, dirigidas ao objeto. Uma dessas pulsões de objeto, a pulsão sádica, distinguia-se, na verdade, pelo fato de sua meta não ser nada amorosa, e além disso, em muitos aspectos, ela se ligava claramente às pulsões do Eu e não podia esconder seu estreito parentesco com as pulsões de apoderamento sem propósito libidinal, mas essa discrepância foi superada; o sadismo pertencia, então, claramente à vida sexual, o jogo cruel podia substituir o da ternura. A neurose apareceu como o desfecho de uma luta entre o interesse de autoconservação e as exigências da libido, luta na qual o Eu havia vencido, mas ao preço de graves sofrimentos e renúncias.

Todo analista admitirá que ainda hoje isso não soa como um erro há muito superado. Enquanto isso, uma modificação tornou-se indispensável, no momento em que a nossa investigação avançou do recalcado para o recalcante, das pulsões de objeto para o Eu. Aqui, tornou-se decisiva a introdução do conceito de narcisismo, ou seja, a visão de que o próprio Eu está investido de libido, que é até mesmo sua morada original e que também permanece, por assim dizer, o seu quartel general. Essa libido narcísica se volta para os objetos, torna-se assim libido de objeto, e pode se transformar novamente em libido narcísica. O conceito de narcisismo permitia apreender analiticamente a neurose traumática, assim como muitas afecções próximas às psicoses e também elas mesmas. A interpretação das neuroses de transferência como tentativas do Eu de se defender da sexualidade não precisou ser abandonada, mas o conceito de libido foi ameaçado. Tendo em vista que as pulsões do Eu também eram libidinais, pareceu por um instante inevitável fazer coincidir, de maneira geral, a libido com a energia pulsional, como Carl Gustav Jung pretendera anteriormente. No entanto, restou algo como uma convicção, ainda por fundamentar, de que as pulsões não podem ser todas da mesma espécie. O passo seguinte dei em *Além do princípio de prazer* (1920), quando me chamou a atenção pela primeira vez a compulsão à repetição e o caráter conservador da vida pulsional. Partindo de especulações sobre o início da vida, bem como de paralelos biológicos, extraí a conclusão de que seria necessário que houvesse, além da pulsão de conservar a substância vivente e de aglomerá-la em unidades cada vez maiores,[31] outra pulsão, oposta a ela, que ansiaria por dissolver essas unidades e por reconduzi-las ao estado primordial, inorgânico. Portanto, além de Eros, haveria uma pulsão de morte; e, a partir da ação conjunta e mutuamente contraposta de ambas, foi possível explicar os fenômenos da vida. Mas naquele momento não era fácil demonstrar a atividade dessa suposta pulsão de morte. As manifestações de Eros eram suficientemente evidentes e ruidosas; podíamos supor que a pulsão de morte trabalhava em silêncio, no interior do ser vivente, pela sua dissolução,

---

[31] A oposição, que aparece nesse contexto, entre a incansável tendência expansiva de Eros e a natureza em geral conservadora das pulsões é digna de nota e pode tornar-se o ponto de partida de novas interrogações.

mas evidentemente isso não constituía nenhuma prova. O que nos levou mais longe foi a ideia de que uma parte da pulsão se voltaria contra o mundo exterior e daí viria à luz como pulsão para a agressão e para a destruição. Assim, a pulsão seria ela mesma compelida a se colocar a serviço de Eros, visto que o ser vivo aniquilava qualquer outra coisa, fosse ela animada ou inanimada, em vez de a si mesmo. Inversamente, a restrição dessa agressão voltada para fora iria intensificar a autodestruição, que, de qualquer forma, está sempre acontecendo. Ao mesmo tempo, podia-se intuir, a partir desse exemplo, que as duas espécies de pulsão aparecem raramente – talvez nunca – isoladas uma da outra, mas que, ao contrário, elas se fundem em proporções diversas, muito variáveis, tornando-se assim irreconhecíveis ao nosso juízo. No sadismo, conhecido há muito tempo como pulsão parcial da sexualidade, estaríamos em presença de uma aliança particularmente intensa dessa espécie, entre o anseio amoroso e a pulsão de destruição, da mesma forma que em sua contraparte, o masoquismo, estaríamos diante de uma ligação entre a destruição, dirigida para o interior, e a sexualidade, ligação através da qual a tendência normalmente imperceptível torna-se justamente evidente e tangível.

A suposição da pulsão de morte ou de destruição encontrou resistência mesmo nos círculos analíticos; sei o quanto está difundida a tendência de atribuir, de preferência, tudo o que no amor é encontrado de perigoso e de hostil a uma bipolaridade originária em sua própria essência. Eu havia, de início, sustentado as concepções desenvolvidas aqui, apenas a título de tentativa, mas com o passar do tempo elas adquiriram tal poder sobre mim que não posso mais pensar de outra maneira. O que quero dizer é que, teoricamente, elas são incomparavelmente mais utilizáveis do que quaisquer outras possíveis, elas geram aquela simplificação, sem negligenciar ou violar os fatos, à qual almejamos no trabalho científico. Reconheço que no sadismo e no masoquismo sempre tivemos diante de nossos olhos as manifestações, fortemente aliadas ao erotismo, da pulsão de destruição voltadas para o exterior e para o interior, mas não entendo mais como pudemos ignorar a ubiquidade da agressão e da destruição não eróticas, e deixar de lhe conceder o devido lugar na interpretação da vida. (É que a sede de destruição voltada para dentro, quando não está eroticamente colorida, quase sempre foge à percepção.) Lembro-me de minha própria posição de defesa quando a ideia da pulsão de destruição emergiu pela primeira vez na literatura psicanalítica,[32] e quanto tempo demorou até que eu me tornasse receptivo a ela. Que outros tenham mostrado, e ainda mostrem, a mesma rejeição surpreende-me menos. Pois as criancinhas não gostam de ouvir,[33] quando é mencionada a inclinação inata do ser humano para o "mal", para a agressão, para a destruição, e também para a crueldade. É que Deus as criou à imagem de sua própria perfeição e ninguém quer ser lembrado do quanto é difícil unir – apesar das promessas da *Christian Science*[34] – a inegável existência do mal com a Sua onipotência ou a Sua bondade. O Diabo seria a melhor saída

---

[32] De acordo com os editores franceses, cf. Sabina Spielrein, "Die Destruktion als Ursache des Werdens" (A destruição como causa do vir-a-ser), *Jb. Psychoanal. Psychopath. Forsch.*, v. 4, p. 465-503, 1912. (N.T.)

[33] De acordo com a edição francesa, Goethe (*Ballade*, 1813). Poema no qual todas as estrofes terminam com "Die Kindlein, sie hören es gerne" (As criancinhas gostam de ouvir). (N.T.)

[34] Igreja fundada nos Estados Unidos, em 1866, por Mary Baker Eddy. Seu propósito é restabelecer o cristianismo primitivo e seu elemento de cura espiritual que se havia perdido. (N.T.)

enquanto justificativa para Deus; ele assumiria, nesse caso, o mesmo papel economicamente atenuante que o do judeu no mundo do ideal ariano. Mas, mesmo assim: podemos, afinal, da mesma forma exigir de Deus explicações pela existência do Diabo, bem como pelo mal que ele encarna. Em vista dessas dificuldades, é aconselhável a qualquer um, em lugar adequado, fazer uma profunda reverência à natureza profundamente moral do ser humano; isso o ajudará a conquistar a simpatia de todos e, em compensação, ele será poupado de muitas coisas.[35]

O nome de libido pode novamente ser utilizado para as manifestações de força de Eros, para distingui-las da energia da pulsão de morte.[36] Devemos admitir que é um

---

[35] A identificação do princípio do mal com a pulsão de destruição tem um efeito particularmente convincente no Mefistófeles de Goethe:
"Pois tudo o que nasce,/
Merece perecer./- -
Assim, o que chamais de pecado,/destruição, em suma, o mal,/
é o elemento a mim adequado". [*"Denn alles, was entsteht,/Ist wert, daß es zu Grunde geht./So ist denn alles, was Ihr Sünde,/Zerstörung, kurz das Böse nennt,/Mein eigentliches Element"*.]
O que o próprio Diabo designa como seu adversário não é o sagrado, o bem, mas a força de procriação da natureza, de multiplicação da vida, ou seja, Eros.
- -
"Do ar, da água, bem como da terra//Desprendem-se milhares de germes,/No seco, no úmido, no quente, no frio!/Se eu não tivesse reservado a chama para mim,/Eu não teria nada propriamente para mim". [*"Der Luft, dem Wasser, wie der Erden,/Entwinden tausend Keime sich,/Im Trocken, Feuchten, Warmen, Kalten!/Hätt' ich mir nicht die Flamme vorbehalten,/Ich hätte nichts Aparts für mich"*.]

[36] Podemos enunciar a nossa concepção atual mais ou menos na seguinte proposição: em qualquer manifestação pulsional a libido está envolvida, mas nem tudo dessa manifestação é libido.

tanto mais difícil apreender esta última, intuí-la, por assim dizer, apenas como resíduo por trás de Eros, e que ela nos escapa lá onde não é revelada pela aliança com Eros. É no sadismo, onde ela modifica a meta erótica no seu próprio sentido, embora ao mesmo tempo satisfaça plenamente o anseio sexual, que conseguimos ter a mais clara visão de sua essência e de sua relação com Eros. Mas mesmo lá onde ela surge sem propósito sexual, incluindo a mais cega fúria de destruição, não podemos ignorar que a sua satisfação está conectada a um gozo [*Genuß*] narcísico extraordinariamente elevado, pelo fato de essa satisfação mostrar ao Eu a realização de seus antigos desejos de onipotência. Moderada e domada, inibida em sua meta, por assim dizer, a pulsão de destruição, dirigida aos objetos, tem necessariamente de proporcionar ao Eu a satisfação de suas necessidades vitais e o domínio sobre a natureza. Como a suposição dessa pulsão está essencialmente baseada em razões teóricas, é preciso admitir que ela também não esteja inteiramente a salvo de objeções teóricas. Mas é assim que as coisas se apresentam a nós exatamente agora, no estado atual de nossas perspectivas; a investigação e a reflexão futuras trarão certamente a clareza decisiva.

Para tudo o que segue, atenho-me, portanto, ao ponto de vista de que a inclinação à agressão é uma predisposição pulsional originária e autônoma do ser humano e retorno à ideia de que a cultura encontra nela o seu obstáculo mais poderoso. Em algum momento, no curso desta investigação, não conseguimos tirar do nosso pensamento a ideia de que a cultura seria um processo especial que se desenrola sobre a humanidade, e continuo ainda sob o encanto dessa ideia. Acrescentaremos que ela seria um processo a serviço de Eros, que quer agrupar indivíduos humanos isolados, mais tarde famílias, depois tribos, povos, nações, em uma grande unidade, a humanidade. Por que isso teria de acontecer não sabemos; essa seria justamente a obra de Eros. Essas massas humanas devem ser ligadas libidinalmente umas às outras; só a necessidade, ou só as vantagens da comunidade de trabalho não as manteriam unidas. Mas a esse programa de cultura opõe-se a pulsão de agressão natural dos seres humanos, a hostilidade de um contra todos e de todos contra um. Essa pulsão de agressão é o derivado e o principal representante da pulsão de morte que encontramos ao lado de Eros, que com ele divide o domínio do mundo. E agora, penso eu, o sentido do desenvolvimento cultural não é mais obscuro para nós. Esse desenvolvimento tem necessariamente de nos mostrar a luta entre Eros e morte, pulsão de vida e pulsão de destruição, tal como ela se consuma na espécie humana. Essa luta é, sobretudo, o conteúdo essencial da vida, e por isso o desenvolvimento da cultura pode ser caracterizado, sem mais delongas, como a luta da espécie humana pela vida.[37] E é essa disputa de gigantes que as nossas babás querem aplacar com a "cantiga de ninar sobre o céu" [*Eiapopeia vom Himmel*]![38]

VII

Por que nossos parentes, os animais, não apresentam nenhuma luta cultural como essa? Ah, isso nós não sabemos.

---

[37] Provavelmente com uma definição mais precisa: tal como essa luta teve de se configurar a partir de certo acontecimento que ainda resta adivinhar.

[38] Referência a Heinrich Heine, *Alemanha, um conto de inverno* (Deutschland, ein Wintermärchen), livro I, estrofes 6 e 7, em que é evocado o canto de uma jovem que toca harpa. (N.T.)

Muito provavelmente, alguns entre eles, as abelhas, as formigas, os cupins lutaram por milhares de anos até encontrar essas instituições estatais, essa distribuição de funções, essa restrição feita aos indivíduos que hoje admiramos neles. O que caracteriza a nossa condição atual é o fato de nossas sensações nos dizerem que não nos sentiríamos felizes em nenhum desses estados animais e em nenhum dos papéis neles atribuídos ao indivíduo. Em outras espécies, pode ser que se tenha chegado a um equilíbrio temporário entre as influências do ambiente e as pulsões que se debatem nessas espécies e, com isso, a uma cessação do desenvolvimento. No caso do homem pré-histórico, pode ser que uma nova iniciativa da libido tenha alimentado uma renovada rebelião da pulsão de destruição. Temos aqui muitas perguntas, para as quais ainda não há resposta.

Outra pergunta nos é mais evidente. De quais meios a cultura se serve para inibir a agressão que a ela se opõe, para torná-la inofensiva e para talvez eliminá-la? Já conhecemos alguns desses métodos, mas os que parecem mais importantes, ainda não. Podemos estudá-los na história do desenvolvimento do indivíduo. O que acontece com ele, que torna a sua agressão inoperante? Algo muito notável, que não teríamos intuído e que, no entanto, é tão evidente. A agressão é introjetada, interiorizada, mas, na verdade, é enviada de volta para o lugar de onde veio, portanto, é voltada contra o próprio Eu. Lá, ela é assumida por uma parte do Eu, que se opõe ao restante como Supereu, e então, como "consciência moral", exerce contra o Eu essa mesma disponibilidade rigorosa para a agressão, que o Eu teria, com prazer, saciado em outros indivíduos, desconhecidos a ele. Chamamos de consciência de culpa a tensão entre o severo Supereu e o Eu que lhe está submetido; ela se manifesta como necessidade de punição. A cultura lida, portanto, com o perigoso prazer de agressão do indivíduo, enfraquecendo-o, desarmando-o e vigiando-o, por meio de uma instância em seu interior, como se fosse a ocupação de uma cidade conquistada.

Sobre o surgimento do sentimento de culpa, o analista pensa diferentemente dos demais psicólogos; mesmo para ele não é fácil prestar contas por isso. De início, se perguntamos como alguém pode chegar a ter um sentimento de culpa, recebemos uma resposta que não podemos contestar: a pessoa sente-se culpada (devotos dizem: pecadora) quando fez alguma coisa que reconhece como "má". Daí percebemos quão pouco essa resposta nos dá. Talvez, depois de alguma hesitação, seja acrescentado que mesmo quem não fez esse mal, mas simplesmente reconhece em si a intenção de fazê-lo, pode se considerar culpado, e então surge a questão de saber por que, neste caso, a intenção é tida como equivalente à execução. Ambos os casos, no entanto, pressupõem que o mal já tenha sido reconhecido como condenável, como algo a ser excluído da execução. Como é que se chega a essa decisão? Podemos recusar a existência de um discernimento original, natural, por assim dizer, para diferenciar o bem do mal. No mais das vezes, o mal não é, em absoluto, aquilo que é prejudicial, perigoso ao Eu, ao contrário, é até mesmo algo desejado por ele, que lhe traz prazer. Aqui se manifesta, portanto, uma influência desconhecida; é ela que determina o que deve ser chamado de bem ou de mal. Tendo em vista que a própria sensibilidade não teria levado o ser humano pelo mesmo caminho, ele tem de ter um motivo para se submeter a essa influência desconhecida. Esse motivo é fácil de descobrir em seu desamparo e em sua dependência dos outros, e pode ser mais bem caracterizado como medo

[*Angst*] da perda de amor. Se ele perde o amor do outro, de quem é dependente, então ele também perde a proteção contra diversas espécies de perigo, expondo-se sobretudo ao perigo de esse outro superpotente lhe provar sua superioridade na forma de punição. O mal é, portanto, inicialmente, aquilo através do qual somos ameaçados com a perda do amor; por medo dessa perda, temos, necessariamente, de evitá-lo. É por isso que também faz pouca diferença se já fizemos o mal ou se apenas queremos fazê-lo; em ambos os casos, o perigo só surge quando a autoridade o descobre, e em ambos os casos esta iria se conduzir da mesma maneira.

Chamamos esse estado de "má consciência",[39] mas na verdade, ele não merece esse nome, pois nessa fase a consciência de culpa é claramente apenas medo da perda do amor, medo "social". Na criança pequena, ele nunca pode ser outra coisa, mas mesmo em muitos adultos ele não se altera além do fato de que, em lugar do pai ou de ambos os pais, entra a comunidade humana maior. É por isso que eles só se permitem, regularmente, realizar o mal que lhes promete conveniências se estiverem seguros de que a autoridade nada saiba sobre isso, ou de que ela nada lhes poderá fazer, e o seu medo é unicamente de serem descobertos.[40] É com esse estado que a sociedade de nossos dias, de modo geral, precisa contar.

Uma grande mudança só irá acontecer quando a autoridade for interiorizada por meio da constituição de um Supereu. Com isso, os fenômenos da consciência são

---

[39] Preferimos aqui uma tradução mais direta de "*schlechtes Gewissen*", mas poderíamos pensar aqui na noção de "consciência pesada", mais corriqueira em português brasileiro. (N.T.)

[40] Pensemos no famoso mandarim de Rousseau!

elevados a uma nova fase; no fundo, é só agora que deveríamos falar de consciência moral e de sentimento de culpa.[41] Agora, é anulado também o medo de ser descoberto e, completamente, a diferença entre fazer o mal e querer fazê-lo, pois, diante do Supereu, nada pode ser escondido, nem sequer pensamentos. A gravidade real da situação passou, com certeza, pois a nova autoridade, o Supereu, não tem, como acreditamos, nenhum motivo para maltratar o Eu, com o qual ele está intimamente ligado. Mas a influência da gênese, que deixa continuar vivendo aquilo que foi passado e superado, manifesta-se no fato de que, no fundo, tudo permanece como era no início. O Supereu atormenta o Eu pecador com as mesmas sensações de angústia e fica à espreita de oportunidades de deixá-lo ser punido pelo mundo exterior.

Nessa segunda fase de desenvolvimento, a consciência moral apresenta uma singularidade, que na primeira era desconhecida e que não é mais fácil de explicar. É que ela se porta com uma severidade e uma desconfiança tanto maiores quanto mais virtuoso for o ser humano, de modo que, no final, são justamente aqueles que foram mais longe na santidade que se acusam da mais grave condição pecaminosa. Com isso, a virtude perde uma parte da recompensa que lhe foi prometida, o Eu dócil e contido não desfruta da confiança de seu mentor e, ao que parece, esforça-se, em vão,

---

[41] Qualquer pessoa experiente entenderá e levará em conta que nesta apresentação abrangente está sendo nitidamente separado aquilo que realmente se consuma como transições fluentes e que não se trata apenas da existência de um Supereu, mas de sua força relativa e de sua esfera de influência. Até aqui, tudo sobre consciência moral e culpa é, na verdade, de conhecimento geral e é quase incontestável.

para obtê-la. Agora alguém estaria pronto a objetar que estas seriam dificuldades fabricadas artificialmente. A consciência moral mais severa e mais vigilante seria justamente o aspecto que caracteriza o ser humano moral, e se os santos se fazem passar por pecadores, eles não o fariam sem razão, se considerarmos as tentações de satisfação pulsional às quais eles estão expostos em medida particularmente elevada, tendo em vista que tentações, como sabemos, só aumentam sob um impedimento continuado, enquanto, em caso de satisfação ocasional, ao menos elas diminuem temporariamente. Outro fato do campo da ética, tão rico em problemas, é o de que *o infortúnio*, portanto, o impedimento exterior, promove consideravelmente o poder da consciência moral no Supereu. Enquanto a pessoa vai bem, sua consciência moral também é amena e permite ao Eu lidar com toda espécie de coisas; quando atingido por um infortúnio, ele faz um retorno a si mesmo, reconhece sua condição pecaminosa, intensifica as exigências de sua consciência moral, impõe-se privações e se castiga com penitências.[42] Povos inteiros se conduziram e ainda se conduzem dessa maneira. Mas isso pode ser explicado confortavelmente a partir da fase infantil originária da consciência moral, fase que, portanto, depois da introjeção no Supereu, não é abandonada, mas continua a existir ao lado e por trás dela. O destino é considerado um substituto da instância parental; quando passamos por

---

[42] Esse estímulo da moral através do infortúnio é tratado por Mark Twain em um delicioso conto: "The first melon I ever stole" [O primeiro melão que roubei]. Por acaso, esse primeiro melão não estava maduro. Ouvi o próprio Mark Twain contar essa história em público. Depois de enunciar o título, interrompeu-se e perguntou-se, como que duvidando: "*Was it the first?*" [Foi o primeiro?]. Com isso, ele havia dito tudo. O primeiro, portanto, não tinha sido o único.

infortúnio, isso significa que não somos mais amados por essa força suprema, e, ameaçados por essa perda do amor, curvamo-nos novamente diante da representação parental no Supereu, aquela que queríamos desprezar quando éramos felizes. Isso se torna particularmente claro quando reconhecemos no destino apenas a expressão da vontade divina, no sentido estritamente religioso. O povo de Israel se julgava o predileto de Deus, e quando o grande Pai deixou desabar infortúnio após infortúnio sobre esse seu povo, este não ficou desorientado nessa relação ou duvidou do poder e da justiça de Deus, mas engendrou os profetas, que o repreenderam por sua condição pecaminosa, e criou, a partir de sua consciência de culpa, os preceitos mais rigorosos de sua religião sacerdotal. É curioso o modo diferente de se comportar do primitivo! Se ele teve uma desventura, não atribui a culpa a si mesmo, mas ao fetiche, que evidentemente não cumpriu o seu dever, e irá espancá-lo, em vez de punir a si mesmo.

Conhecemos, portanto, duas origens do sentimento de culpa: o que surge do medo da autoridade e o outro, posterior, que surge do medo do Supereu. O primeiro obriga a renunciar às satisfações pulsionais, e o outro, tendo em vista que não se pode esconder do Supereu a persistência dos desejos proibidos, obriga, além disso, à punição. Aprendemos também como entender a severidade do Supereu, isto é, a exigência da consciência moral. Ela simplesmente prolonga a severidade da autoridade externa que é sucedida e, em parte, substituída por ela. Vemos agora em que relação à consciência de culpa se encontra a renúncia pulsional. Originariamente, a renúncia pulsional era, de fato, a consequência do medo da autoridade externa; renunciava-se a satisfações para não perder o amor dessa autoridade. Se essa renúncia era realizada, então estamos quites com ela, e não deveria restar nenhum sentimento de culpa. No caso do medo do Supereu é diferente. Aqui, a renúncia pulsional não ajuda de maneira suficiente, pois o desejo persiste e não se deixa ocultar diante do Supereu. Apesar da renúncia bem-sucedida, sobrevirá um sentimento de culpa, e esta é uma grande desvantagem econômica da instauração do Supereu, ou, como podemos dizer, da formação da consciência moral. A renúncia pulsional agora não tem mais nenhum efeito completamente libertador, a virtuosa abstinência não é mais recompensada com a garantia do amor; um infortúnio que ameaça de fora – perda do amor e punição por parte da autoridade externa – foi trocada por uma continuada infelicidade, a tensão da consciência de culpa.

Essas relações são tão emaranhadas e ao mesmo tempo tão importantes que, apesar dos perigos da repetição, ainda gostaria de abordá-las por outro lado. A sequência temporal seria, portanto, a seguinte: primeiro, renúncia pulsional em consequência do medo da agressão da autoridade externa – é a isso que equivale o medo da perda do amor; o amor protege dessa agressão da punição –, depois, estabelecimento da autoridade interna, renúncia pulsional em consequência do medo dessa autoridade, medo da consciência moral. No segundo caso, equivalência entre ato mau e intenção má, portanto, consciência de culpa, necessidade de punição. A agressão da consciência moral conserva a agressão da autoridade. Até aqui, isso certamente ficou claro, mas onde resta espaço para o fortalecimento da consciência moral sob a influência da infelicidade (da renúncia imposta do exterior), para a extraordinária severidade da consciência moral entre os melhores e os mais dóceis? Já explicamos as duas particularidades da consciência moral, mas supostamente ficou a impressão de que essas explicações não chegam até o fundo, de que deixam um resto inexplicado. E aqui finalmente intervém uma ideia que é inteiramente própria à Psicanálise e desconhecida ao modo de pensar habitual dos seres humanos. Ela é de tal natureza que nos permite entender por que o assunto teve de nos parecer tão confuso e opaco. Pois ela diz que, no início, a consciência moral (mais exatamente: o medo que mais tarde se torna consciência moral) é, na verdade, a causa da renúncia pulsional, mas que mais tarde a relação se inverte. Toda renúncia pulsional se torna, a partir de agora, uma fonte dinâmica da consciência moral, cada nova renúncia intensifica a sua severidade e intolerância, e se apenas pudéssemos colocar isso em consonância com a história da origem da consciência moral, tal como a conhecemos, seríamos tentados a admitir a seguinte tese paradoxal: a consciência moral é a consequência da renúncia pulsional; ou: a renúncia pulsional (que nos é imposta de fora) cria a consciência moral, que então exige mais uma renúncia pulsional.

Afinal, a contradição entre essa tese e o que afirmamos anteriormente sobre a gênese da consciência moral não é tão grande, e vemos um caminho para reduzi-la ainda mais. A fim de facilitar a exposição, tomemos o exemplo da pulsão de agressão e suponhamos que, nessas condições, sempre se trate de renúncia pulsional. É evidente que essa será apenas uma suposição provisória. O efeito da renúncia pulsional sobre a consciência moral ocorre, então, de maneira tal que cada parcela de agressão que deixamos de satisfazer é assumida pelo Supereu, e a sua agressão (contra o Eu) aumenta. O que não está bem de acordo com isso é o fato de a agressão originária da consciência moral ser a severidade prolongada da autoridade externa, ou seja, de não ter nada a ver com renúncia. Mas superamos essa desarmonia se supusermos outra derivação para esse primeiro provimento de agressão no Supereu. Contra a autoridade que impede a criança às primeiras, mas também às mais importantes satisfações, tem de necessariamente ter se desenvolvido nela uma medida considerável de inclinação à agressão, não importando de que espécie eram as renúncias pulsionais exigidas. Forçada pela necessidade, a criança precisou renunciar à satisfação dessa agressão vingativa. Ela sai dessa situação economicamente difícil pela via de mecanismos conhecidos, acolhendo em si, por identificação, essa autoridade inatacável, que agora se torna o Supereu e apodera-se de toda aquela agressão que, enquanto criança, teríamos gostado de praticar contra ela. O Eu da criança precisa se contentar com o triste papel da autoridade rebaixada dessa forma – do pai. Trata-se de uma inversão da situação, como é tão frequente. "Se eu fosse o pai e você o filho, eu te trataria mal." A relação entre Supereu e Eu é a do retorno, desfigurado [*entstellt*] pelo desejo, de relações reais entre o Eu ainda não dividido e um objeto externo. Isso também é típico. Mas a diferença essencial é que a severidade originária do Supereu não é aquela – ou não é muito bem aquela que experimentamos da parte dele, ou que a ele atribuímos, mas representa a própria agressão contra ele. Se isso procede, podemos realmente afirmar que a consciência moral teria, no início, surgido da repressão de uma agressão e, no curso posterior, teria se fortalecido com novas repressões como essas.

E agora, qual dessas duas concepções está certa? A primeira, que nos parecia geneticamente tão inatacável, ou essa nova, que aprimora a teoria de uma maneira tão bem-vinda? Evidentemente, ambas se justificam também segundo o testemunho da observação direta; elas não se opõem uma à outra e até mesmo coincidem em um ponto, pois a agressão vingativa da criança também será determinada pela medida de agressão punitiva que ela espera do pai. Mas a experiência ensina que a severidade do Supereu desenvolvida por uma criança não reproduz, de modo algum, a severidade do tratamento que ela própria experimentou.[43] Elas parecem ser independentes; uma criança que recebeu uma educação amena pode adquirir uma consciência moral severa. No entanto, também seria incorreto querer exagerar essa independência; não é difícil nos convencermos de que a severidade da educação também exerce uma forte influência na formação do Supereu infantil. Isso significa que, na formação do Supereu e no surgimento da consciência moral, atuam conjuntamente fatores constitucionais inatos e influências do meio, do ambiente real, e que isso de forma alguma é estranho, mas a condição etiológica geral de todos os processos dessa espécie.[44]

---

[43] Como foi corretamente salientado por Melanie Klein e outros autores ingleses.

[44] Fr. Alexander, em *Psicanálise da personalidade total* (1927), apreciou adequadamente os dois tipos principais de métodos patogênicos de educação, a severidade e o mimo excessivos, na sequência do estudo de Aichhorn sobre o estado de abandono. O pai "excessivamente dócil e complacente" promoverá a ocasião para a formação de um Supereu excessivamente rigoroso na criança, porque, para essa criança, sob a impressão do amor que ela recebe, não resta outra saída para a sua agressão a não ser voltá-la para dentro. No caso da criança em estado de abandono, que foi criada sem amor, desaparece a tensão entre o Eu e o Supereu, e toda a sua tensão pode voltar-se para fora. Portanto, independentemente de um suposto fator constitucional, estamos autorizados a dizer que a rigorosa consciência moral nasce da ação conjunta de duas influências vitais, o impedimento pulsional, que desencadeia a

Também podemos dizer que, quando a criança reage aos primeiros grandes impedimentos pulsionais com uma agressão demasiada, ela está seguindo, ao fazê-lo, um modelo filogenético, e está indo além da reação justificada na atualidade, pois o pai dos tempos pré-históricos era certamente terrível e podia-se esperar dele o grau mais extremo de agressividade. As diferenças entre as duas concepções da gênese da consciência moral diminuem, portanto, ainda mais se passarmos da história do desenvolvimento individual para a do filogenético. Em compensação, aparece uma nova diferença importante nesses dois processos. Não podemos negligenciar a hipótese de que o sentimento de culpa da humanidade provenha do complexo de Édipo, e que foi adquirido com o assassinato do pai pela união dos irmãos. Naquele tempo, houve uma agressão que não foi reprimida, mas executada; a mesma agressão cuja repressão deve ser a fonte do sentimento de culpa na criança. Eu não me surpreenderia agora se um leitor exclamasse, irritado: "Então é inteiramente indiferente se matamos o pai ou não, de qualquer maneira teremos um sentimento de culpa! Nesse caso podemos nos permitir algumas dúvidas. Ou está errado que o sentimento de culpa provenha de agressões reprimidas, ou então toda essa história do assassinato do pai é um romance, e os filhos do homem pré-histórico não mataram seus pais com mais frequência do que fazem os de hoje. Além disso, se este não é nenhum romance, mas uma história plausível, então teríamos um caso em que aconteceria aquilo que o mundo inteiro espera, ou seja, que nos sintamos culpados por realmente termos feito

---

agressão, e a experiência amorosa, que volta essa agressão para dentro e a transfere para o Supereu.

algo que não pode ser justificado. E para esse caso que, de qualquer maneira, acontece todos os dias, a Psicanálise ficou nos devendo uma explicação".

Isso é verdade e deve ser reparado. Mas também não é nenhum segredo especial. Quando ficamos com um sentimento de culpa após fazermos algo errado e porque o fizemos, deveríamos antes chamar esse sentimento de remorso. Ele diz respeito apenas a um ato, pressupondo naturalmente que uma *consciência moral*, a propensão a se sentir culpado, já existisse antes do ato. Portanto, um remorso como esse nunca irá nos ajudar a encontrar a origem da consciência moral e do sentimento de culpa. Nesses casos cotidianos, o andamento costuma ser o de que uma necessidade pulsional adquiriu a intensidade para fazer valer a sua satisfação contra a consciência moral, ainda que com a sua força limitada, e de que com o enfraquecimento natural da necessidade causado por sua satisfação é restaurada a relação anterior de forças. Portanto, a Psicanálise faz bem ao excluir dessas discussões o caso do sentimento de culpa por remorso, por mais frequente que ele possa ser e por maior que seja a sua importância prática.

Mas, se o sentimento de culpa remontar até o assassinato do pai originário, tratou-se, afinal, de um caso de "remorso", e por acaso não haveria naquela época, de acordo com os pressupostos, consciência moral e sentimento de culpa antes do ato? De onde veio o remorso, neste caso? Certamente esse caso tem de nos esclarecer o segredo do sentimento de culpa e colocar um fim aos nossos embaraços. E penso que o faça. Esse remorso foi o resultado da ambivalência primordial de sentimentos em relação ao pai, pois os filhos o odiavam, mas também o amavam; depois que o ódio foi apaziguado com a agressão, no remorso pelo ato veio à luz o amor, erigiu o Supereu por identificação ao pai, deu-lhe o poder do pai, como que por punição pelo ato de agressão praticado contra ele, criou as restrições que deviam proteger contra a repetição do ato. E como a inclinação à agressão em relação ao pai se repetiu nas gerações seguintes, o sentimento de culpa continuou existindo e reforçou-se novamente a cada agressão reprimida e transferida para o Supereu. Penso que agora, finalmente, compreendemos duas coisas com toda a clareza: a parte do amor no surgimento da consciência moral e a inevitabilidade fatal do sentimento de culpa. Assassinar o pai ou abster-se do ato não é realmente decisivo, tem-se necessariamente de se sentir culpado nos dois casos, pois o sentimento de culpa é a expressão do conflito de ambivalência, da eterna luta entre Eros e a pulsão de destruição ou de morte. Esse conflito é alimentado assim que é atribuída ao ser humano a tarefa da vida em comum; enquanto essa comunidade só conhecer a forma da família, ele tem de se manifestar no complexo de Édipo, instituir a consciência moral e criar o primeiro sentimento de culpa. Se for tentada uma ampliação dessa comunidade, o mesmo conflito se prolonga e se reforça em formas que são dependentes do passado e terá como consequência uma nova intensificação do sentimento de culpa. Como a cultura obedece a um impulso erótico interno que lhe ordena reunir os seres humanos em uma massa intimamente ligada, ela só pode atingir essa meta pela via de um fortalecimento sempre crescente do sentimento de culpa. O que foi iniciado com o pai se consuma com a massa. Se a cultura for o percurso de desenvolvimento necessário da família até a humanidade, então está indissoluvelmente ligada a ela – como consequência do conflito de ambivalência inato, como consequência do eterno desacordo entre amor e anseio de morte –, a intensificação do sentimento de culpa talvez elevado a um ponto que o indivíduo ache difícil tolerar. Somos lembrados da comovente acusação do grande poeta contra os "poderes celestiais":

> Vocês nos conduzem para a vida, E deixam que o pobre se torne culpado,
> Depois o abandonam ao tormento,
> Pois toda culpa é vingada na terra.[45]

E bem que podemos suspirar com o reconhecimento de que é dado a certas pessoas, extrair, verdadeiramente sem esforço, do turbilhão dos próprios sentimentos, os conhecimentos mais profundos, aos quais o resto de nós tem que preparar o caminho por meio de uma incerteza torturante e de um tatear incansável.

VIII

Tendo chegado ao final de um caminho como este, o autor necessariamente tem de pedir desculpas aos seus leitores por não ter sido um guia mais habilidoso, por não tê-los poupado da experiência de passar por trechos áridos e por desvios tortuosos. Não há dúvida de que se pode fazê-lo melhor. Quero tentar, *a posteriori*, compensar alguma coisa.

Em primeiro lugar, suspeito que entre os leitores tenha ficado a impressão de que as discussões sobre o sentimento

---

[45] *"Ihr führt in's Leben uns hinein,/Ihr lasst den Armen schuldig werden,/ Dann überlasst Ihr ihn der Pein,/Denn jede Schuld rächt sich auf Erden."* Goethe, "Canções do harpista", em Wilhelm Meister. (N.T.)

de culpa tenham ultrapassado o âmbito deste ensaio ao tomarem um espaço excessivo, forçando para a margem seu outro conteúdo, com o qual elas não estão sempre em íntima relação. Isso pode ter perturbado a estrutura do ensaio, mas corresponde inteiramente à intenção de colocar o sentimento de culpa como o problema mais importante do desenvolvimento da cultura e de demostrar que o preço a pagar pelo avanço da cultura é uma perda de felicidade em consequência da intensificação do sentimento de culpa.[46] O que ainda soa estranho nesse enunciado, que é o resultado final de nossa investigação, pode ser provavelmente remetido à relação inteiramente peculiar e ainda absolutamente incompreendida entre o sentimento de culpa e a nossa consciência. Nos casos comuns de remorso, que consideramos normais, o sentimento de culpa se faz perceptível à nossa consciência com suficiente clareza; é que estamos acostumados a dizer "consciência de culpa" em

---

[46] "É assim que a consciência moral faz de todos nós covardes..." [Referência a *Hamlet*, de Shakespeare, ato 3, cena 1].

O fato de ocultar ao ser adolescente o papel que a sexualidade irá desempenhar em sua vida não é a única censura que precisamos fazer à educação de hoje. Ela peca, além disso, ao não prepará-lo contra a agressão, da qual ele está destinado a se tornar o objeto. Ao liberar para a vida a juventude com uma orientação psicológica tão equivocada, ela não se conduz de maneira diferente do que as pessoas que vão a uma expedição polar com roupas de verão e mapas dos lagos da Itália setentrional. Aqui aparece claramente um certo abuso das exigências éticas. A rigidez dessas exigências não causaria muito dano se a educação dissesse: é assim que os seres humanos deveriam ser para serem felizes e fazerem outros felizes; mas precisamos contar com o fato de que eles não são assim. Em vez disso, deixam o jovem acreditar que todos os outros cumprem os preceitos éticos, que portanto são virtuosos. Com isso se funda a demanda de que ele também seja assim.

vez de "sentimento de culpa". Do estudo das neuroses, às quais certamente devemos as indicações mais preciosas para o entendimento do que é normal, resultam relações plenas de contradição. Em uma dessas afecções, a neurose obsessiva, o sentimento de culpa impõe-se, em alto e bom tom, à consciência, ele domina o quadro patológico, bem como a vida do doente, mal deixando que apareça outra coisa a seu lado. Mas, na maioria dos outros casos e formas de neurose, ele fica completamente inconsciente, sem, por isso, manifestar efeitos mais insignificantes. Os doentes não acreditam em nós quando lhes atribuímos um "sentimento de culpa inconsciente"; para sermos compreendidos por eles nem que seja pela metade, falamos-lhes de uma necessidade inconsciente de punição, na qual o sentimento de culpa se manifesta. Mas a relação com a forma da neurose não deve ser superestimada; mesmo na neurose obsessiva há tipos de doente que não percebem seu sentimento de culpa, ou então apenas o sentem como um mal-estar atormentador, uma espécie de angústia quando são impedidos de realizar certas ações. Deveríamos poder entender essas coisas de uma vez por todas, mas ainda não podemos. Talvez aqui seja bem-vinda a observação de que o sentimento de culpa, no fundo, não seja nada além de uma variedade tópica de angústia [*Angst*]; em suas fases posteriores, ele coincide inteiramente com o *medo* [*Angst*] *do Supereu*. E no caso da angústia, as mesmas variações extraordinárias aparecem em sua relação com a consciência. De alguma forma o medo se esconde por trás de todos os sintomas, mas ora reclama ruidosamente a consciência toda para si, ora esconde-se tão perfeitamente que somos obrigados a falar de medo inconsciente ou – se quisermos ter uma consciência moral mais puramente psicológica, já que o medo é, antes de tudo, apenas uma sensação [*Empfindung*] – de possibilidades de medo. E é por isso que podemos perfeitamente pensar que mesmo a consciência de culpa produzida pela cultura não seja reconhecida como tal, que em grande parte permaneça inconsciente, ou venha à luz como um mal-estar, como uma insatisfação para a qual procuramos outras motivações. Pelo menos as religiões nunca subestimaram o papel do sentimento de culpa na cultura. Elas até mesmo surgem – o que eu não havia apreciado em outro lugar[47] – com a pretensão de libertar a humanidade desse sentimento de culpa que elas chamam de pecado. A partir da maneira como essa redenção é obtida no cristianismo, pela morte por sacrifício de um único indivíduo que, dessa maneira, assume para si uma culpa comum a todos, tiramos então uma conclusão sobre qual pode ter sido a primeira ocasião para a aquisição dessa culpa originária, com a qual a cultura teve início.[48]

É possível que acabe não sendo muito importante, mas não será supérfluo que esclareçamos o significado de algumas palavras como: "Supereu", "consciência moral", "sentimento de culpa", "necessidade de punição", "remorso", que talvez tenhamos utilizado muitas vezes de maneira frouxa e intercambiável. Todas se referem à mesma conjuntura, mas nomeiam diversos aspectos dela. O Supereu é uma instância explorada por nós, a consciência moral é uma função que, entre outras, atribuímos a ele, que deve vigiar e julgar as ações e intenções do Eu, exercendo uma atividade de censura. O sentimento de culpa, a rigidez do Supereu, é portanto

---

[47] Quer dizer: em *O futuro de uma ilusão* (1927), incluído no volume *Cultura, sociedade, religião: O mal-estar na cultura e outros escritos*, da coleção Obras Incompletas de Sigmund Freud (Autêntica, 2020).

[48] *Totem e tabu* (1912) (*Ges. Werke*, IX).

a mesma coisa que a severidade da consciência moral; ele é a percepção concedida ao Eu, de que ele é vigiado dessa maneira; ele é a estimativa da tensão entre os anseios do Eu e as exigências do Supereu; e o medo dessa instância crítica que está na base de toda essa relação, a necessidade de punição, é uma manifestação pulsional do Eu, a qual, sob a influência do Supereu sádico, tornou-se masoquista, isto é, ela utiliza, para fins de uma ligação erótica com o Supereu, uma parcela da pulsão existente no Eu para a destruição interna. Não deveríamos falar de consciência moral antes que um Supereu seja comprovado; quanto à consciência de culpa, é preciso reconhecer que ela existe antes do Supereu, portanto antes também da consciência moral. Ela é então a expressão imediata do medo da autoridade externa, o reconhecimento da tensão entre o Eu e esta última, o derivado direto do conflito entre a necessidade de ser amado por essa autoridade e a pressão para a satisfação pulsional, cuja inibição engendra a inclinação para a agressão. A sobreposição desses dois extratos do sentimento de culpa – um por medo da autoridade externa, e outro por medo da autoridade interna – dificultou-nos a visão de algumas das relações da consciência moral. Remorso é uma designação geral para a reação do Eu em um caso de sentimento de culpa; ele contém o material, pouco transformado, de sensações de medo ainda eficazes em um segundo plano; ele próprio é uma punição e pode incluir a necessidade de punição; ele também pode, portanto, ser mais antigo que a consciência moral.

Não fará mal nenhum apresentarmos mais uma vez as contradições que nos confundiram durante algum tempo em nossa investigação. O sentimento de culpa devia ser, em certo ponto, a consequência de agressões que foram evitadas, mas, uma outra vez, e precisamente em seu início histórico, o assassinato do pai, a consequência de uma agressão executada. Também encontramos a saída para essa dificuldade. A instauração da autoridade interna, do Supereu, justamente alterou essas relações de maneira profunda. Antes o sentimento de culpa coincidia com o remorso; fazemos notar, a propósito, que o termo "remorso" deve ser reservado para a reação que ocorre após a efetiva execução da agressão. Depois, a diferença entre a agressão intencionada e a agressão realizada perdeu a sua força em consequência da onisciência do Supereu; agora, um ato de violência realmente executado podia gerar sentimento de culpa – como o mundo inteiro sabe – tanto quanto um ato de violência simplesmente intencionado – como a Psicanálise o reconheceu. Para além da alteração da situação psicológica, o conflito de ambivalência de ambas as pulsões originárias produz o mesmo efeito. Estamos próximos da tentação de procurar aqui a solução do enigma da relação variável do sentimento de culpa para com a consciência. O sentimento de culpa que provém do remorso pela má ação teria necessariamente de permanecer consciente, e o sentimento de culpa que provém da percepção do mau impulso poderia permanecer inconsciente. Só que não é tão simples assim; a neurose obsessiva o contradiz energicamente. A segunda contradição era a de que a energia agressiva com a qual pensamos estar equipado o Supereu, de acordo com uma das concepções, simplesmente prolonga a energia punitiva da autoridade externa e a conserva para a vida anímica, enquanto outra concepção estima que seria muito mais a nossa própria agressão, que não alcançou utilização, a que deve ser mobilizada contra essa autoridade inibidora. A primeira doutrina pareceu adaptar-se melhor à história, a segunda, à teoria do sentimento de culpa. Uma reflexão mais a fundo quase que obliterou demais essa oposição aparentemente inconciliável; o que restou de essencial e de comum é que se trata de uma agressão deslocada para o interior. A observação clínica permite, por sua vez, distinguir realmente duas fontes para a agressão atribuída ao Supereu, das quais uma ou outra exerce o efeito mais forte em cada caso, mas que, de maneira geral agem, conjuntamente.

Penso que aqui seja o lugar para defender seriamente uma concepção que eu havia sugerido anteriormente como uma hipótese provisória. Na literatura analítica mais recente constatamos uma predileção pela doutrina segundo a qual qualquer espécie de impedimento, qualquer satisfação pulsional inviabilizada, teria ou poderia ter como consequência a intensificação do sentimento de culpa.[49] Acredito que estaremos obtendo um grande benefício teórico se isso for adotado apenas para as pulsões *agressivas*, e não encontraremos muita coisa que contradiga tal suposição. Pois como devemos explicar dinâmica e economicamente que, em lugar de uma exigência pulsional não realizada, ocorra um aumento do sentimento de culpa? Isso parece, no entanto, só ser possível pelo caminho mais longo no qual o impedimento da satisfação erótica suscita uma parcela de inclinação agressiva contra a pessoa que perturba a satisfação, e em que essa própria agressão tem de ser novamente reprimida. Mas nesse caso, então, é apenas a agressão que se transforma em sentimento de culpa ao ser reprimida e atribuída ao Supereu. Estou convencido de que poderemos apresentar muitos processos de uma maneira mais simples e mais transparente se restringirmos às pulsões agressivas a descoberta da Psicanálise

---

[49] Em particular, E. Jones, Susan Isaacs, Melanie Klein; mas também, de acordo com o que eu entendo, Reik e Alexander.

sobre a derivação do sentimento de culpa. A consulta ao material clínico não fornece, nesse caso, nenhuma resposta clara, porque, de acordo com a nossa pressuposição, as duas espécies de pulsão quase nunca aparecem em estado puro, isoladas uma da outra; mas a apreciação de casos extremos certamente apontará na direção que eu espero. Estou tentado a extrair uma primeira vantagem dessa concepção mais severa, aplicando-a ao processo de recalcamento. Os sintomas das neuroses são, como aprendemos, essencialmente satisfações substitutivas para desejos sexuais não realizados. No andamento do trabalho analítico, aprendemos, para a nossa surpresa, que talvez toda neurose oculte um montante de sentimento de culpa inconsciente que, por sua vez, consolida os sintomas através da sua utilização como punição. Agora parece plausível formular esta proposição: quando um esforço pulsional sucumbe ao recalcamento, seus elementos libidinais são transpostos em sintomas, e seus componentes agressivos, em sentimento de culpa. Mesmo que essa proposição só esteja correta em uma aproximação mediana, ela merece o nosso interesse.

Muitos leitores deste ensaio devem estar sob a impressão de que ouviram com excessiva frequência a fórmula da luta entre Eros e pulsão de morte. Ela estava destinada a caracterizar o processo de cultura que se desenrola na humanidade, mas ela também dizia respeito ao desenvolvimento do indivíduo, e, além disso, teria supostamente revelado o segredo da vida orgânica. Parece ser indispensável investigar as relações desses três processos entre si. Agora, o retorno da mesma fórmula está justificado, se mencionarmos que o processo cultural da humanidade, tal como o desenvolvimento do indivíduo, também são processos de vida e que devem, portanto, necessariamente, fazer parte do caráter mais geral da vida. Por outro lado, é justamente por isso que a comprovação desse aspecto geral não irá contribuir em nada para uma distinção, enquanto ele não for limitado por condições especiais. Só podemos, portanto, nos tranquilizar ao enunciarmos que o processo de cultura seria aquela modificação do processo de vida que o processo de cultura experimenta sob a influência de uma tarefa colocada por Eros e estimulada por Ananque, a real necessidade, e essa tarefa é a reunião de seres humanos isolados em uma comunidade que os liga libidinalmente uns aos outros. Mas se considerarmos a relação entre o processo de cultura da humanidade e o processo de desenvolvimento ou de educação do ser humano individual, decidiremos sem muita hesitação que ambos são de natureza muito semelhante, se é que não se trata do mesmo processo envolvendo objetos de tipo diferentes. O processo cultural da espécie humana é naturalmente uma abstração de uma ordem mais elevada do que o desenvolvimento do indivíduo, e por isso mais difícil de apreender com clareza, tampouco a busca por analogias deve ser exagerada de maneira obsessiva; mas, diante da semelhança das metas – aqui, a inserção de um indivíduo em uma massa humana, lá, o estabelecimento de uma unidade de massa a partir de muitos indivíduos –, a semelhança dos meios utilizados para isso e fenômenos que daí surgiram não pode surpreender. Um traço distintivo dos dois processos, tendo em vista a sua importância extraordinária, não pode ser silenciado por muito tempo. No processo de desenvolvimento do indivíduo, o programa do princípio de prazer, o fato de encontrar a satisfação da felicidade é mantido como meta principal; a inserção em ou a adaptação a uma comunidade humana parece ser uma condição dificilmente evitável, que deve ser preenchida no caminho que leva à obtenção dessa meta de felicidade. Se isso acontecesse sem essa condição, talvez fosse melhor. Em outros termos: o desenvolvimento individual nos parece um produto da interferência de dois anseios, o anseio por felicidade, que costumamos chamar de "egoísta", e o anseio pela união com os outros na comunidade, que chamamos de "altruísta". As duas designações não vão muito além da superfície. No desenvolvimento individual, como já foi dito, a ênfase principal recai, geralmente, sobre o anseio egoísta ou anseio por felicidade; o outro anseio, que se pode chamar de "cultural", contenta-se, via de regra, com o papel de uma restrição. É diferente no processo cultural; aqui, a meta de estabelecimento de uma unidade a partir de indivíduos humanos é, de longe, a coisa principal; a meta de se tornar feliz na verdade ainda existe, mas é pressionada para o segundo plano; e quase que parece que a criação de uma grande comunidade humana daria mais certo se não precisássemos nos preocupar com a felicidade do indivíduo. O processo de desenvolvimento do indivíduo pode ter seus aspectos particulares que não reencontramos no processo cultural da humanidade; é apenas na medida em que esse primeiro processo tem como meta a conexão com a comunidade que ele precisa coincidir com o segundo.

Assim como o planeta ainda orbita em torno de seu corpo central enquanto executa uma rotação sobre seu próprio eixo, assim também o ser humano individual participa no desenvolvimento da humanidade, enquanto segue seu próprio caminho na vida. Mas, aos nossos olhos incautos, o jogo de forças no céu parece congelado numa ordem eternamente igual; no acontecer orgânico, vemos ainda como lutam as forças umas com as outras e como os resultados do conflito se modificam constantemente. Assim também os dois anseios, aquele pela felicidade individual e aquele pela conexão humana, têm de lutar um contra o outro em cada indivíduo; é assim que os dois processos, o de desenvolvimento individual e o de desenvolvimento da cultura, precisam afrontar-se com hostilidade e disputar o terreno um com o outro. Mas essa luta entre o indivíduo e a sociedade não é um derivado da oposição, provavelmente inconciliável, entre Eros e morte, as pulsões originárias. Ela não apenas significa uma desavença doméstica da libido, comparável à disputa pela repartição da libido entre o Eu e os objetos, mas também permite um equilíbrio final no indivíduo, bem como no futuro da cultura – assim o esperamos –, mesmo que no presente ela ainda dificulte tanto a vida do indivíduo.

A analogia entre o processo de cultura e a via de desenvolvimento do indivíduo pode ser ampliada em um aspecto importante. Estamos no direito de afirmar, efetivamente, que a comunidade também desenvolve um Supereu, sob cuja influência se consuma o desenvolvimento da cultura. Deve ser uma tarefa tentadora para um conhecedor das culturas humanas acompanhar em detalhe essa paridade. Quero me limitar a destacar alguns pontos mais marcantes. O Supereu de uma época cultural tem uma origem semelhante ao do ser humano individual; ele está fundado na impressão que deixaram as personalidades de grandes líderes, seres humanos de esmagadora força de espírito, ou aqueles nos quais um dos anseios humanos encontrou a caracterização mais intensa e pura, e por isso também, quase sempre, a mais unilateral. A analogia vai ainda mais longe, em muitos casos, pelo fato de que, durante a sua vida, essas pessoas – com suficiente frequência, mas não sempre – foram ridicularizadas pelos outros, maltratadas, ou até mesmo eliminadas de maneira cruel, tal como o pai originário só foi elevado à condição de divindade muito tempo depois de seu violento assassinato. Para essa conexão de destino, o personagem de Jesus Cristo é justamente o exemplo mais tocante, se é que esse personagem não pertence ao mito que lhe deu vida a partir de uma lembrança obscura daquele processo originário. Outro ponto de concordância é que o Supereu-da-cultura [*Kultur-Über-Ich*], inteiramente como o do indivíduo, coloca severas exigências ideais, cuja falta de observância é castigada com a "angústia da consciência moral" [*"Gewissensangst"*]. Aqui, na verdade, produz-se o caso notável de que os processos anímicos em causa nos são, do ponto de vista da massa, mais familiares, mais acessíveis à consciência, do que podem sê-lo para o indivíduo. Neste, em caso de tensão, apenas as agressões do Supereu se fazem audíveis como censuras, enquanto as próprias exigências permanecem frequentemente inconscientes no segundo plano. Se as trazemos para o conhecimento consciente, verificamos que elas coincidem com os preceitos do respectivo Supereu-da-cultura. Nesse ponto, os dois processos, o processo de desenvolvimento cultural da massa e o próprio processo do indivíduo, são, por assim dizer, regularmente colados um ao outro. E é por isso que muitas manifestações e propriedades do Supereu podem ser mais facilmente reconhecidas em sua conduta na comunidade de cultura do que no indivíduo.

O Supereu-da-cultura desenvolveu seus ideais e elevou as suas exigências. Entre as últimas, as que dizem respeito às relações dos seres humanos entre si são agrupadas como Ética. Em todas as épocas, atribuiu-se o maior valor a essa Ética, como se precisamente dela se esperassem realizações especialmente importantes. E, de fato, a Ética se volta para aquele ponto que, em qualquer cultura, é facilmente reconhecível como o lugar mais frágil. A Ética, portanto, pode ser concebida como uma tentativa terapêutica, como um esforço para alcançar, através de um mandamento do Supereu, aquilo que até então não pode ser alcançado por meio de qualquer outro trabalho cultural. Isso nós já sabemos, e é por isso que aqui se trata de perguntar como se pode eliminar o maior obstáculo à cultura, a inclinação constitutiva dos seres humanos à agressão mútua, e é precisamente por isso que se torna especialmente interessante para nós o provavelmente mais jovem dos mandamentos culturais do Supereu, o mandamento que diz: "Ama teu próximo como a ti mesmo". Na investigação sobre as neuroses e na terapia das neuroses chegamos ao ponto de erguer duas censuras ao Supereu do indivíduo: ele se preocupa muito pouco, na severidade de seus mandamentos e de suas proibições, com a felicidade do Eu, não levando em consideração as resistências contra a obediência, a força pulsional do Isso e as dificuldades do ambiente real. Por isso, com propósito terapêutico, somos frequentemente forçados a combater o Supereu, e nos esforçamos para reduzir suas exigências. Podemos fazer objeções muito semelhantes contra as exigências éticas do Supereu-da-cultura. Ele também não se preocupa suficientemente com os fatos da constituição anímica dos seres humanos; ele decreta um mandamento e não pergunta se é possível ao ser humano obedecer-lhe. Ao contrário, ele supõe que tudo o que é ordenado ao Eu do ser humano é psicologicamente possível de ser cumprido, que o Eu dispõe do controle irrestrito sobre o seu Isso. Isto é um erro, e mesmo no caso dos assim chamados seres humanos normais, o domínio sobre o Isso não pode elevar-se além de determinados limites. Se exigimos mais, engendramos revolta no indivíduo, ou neurose, ou o fazemos infeliz. O mandamento "Ama teu próximo como a ti mesmo" é a mais forte defesa contra a agressão humana e um exemplo excelente do procedimento não psicológico do Supereu-da-cultura. O mandamento é impraticável; uma inflação tão grandiosa de amor só pode diminuir o seu valor, ela não pode eliminar a necessidade. A cultura negligencia tudo isso; ela apenas adverte que quanto mais difícil for a observância do preceito, maior é o seu mérito. Só que aquele que seguir esse preceito na cultura atual só se coloca em desvantagem em relação àquele que se coloca acima dele. Como deve ser violento esse obstáculo cultural que é a agressividade, se a defesa contra ela consegue tornar tão infeliz quanto ela mesma! A assim chamada Ética natural não tem nada a oferecer nesse caso, a não ser a satisfação narcísica de se ter o direito de se considerar melhor do que os outros. A Ética que se apoia na religião faz intervir aqui as suas promessas de uma vida melhor no além. Penso que enquanto a virtude não valer a pena já aqui nesta Terra, a Ética estará pregando em vão. Também me parece indubitável que uma mudança real nas relações dos seres humanos com a posse de bens traga, nesse caso, mais ajuda do que qualquer mandamento ético; no entanto, essa visão é turvada, no caso dos socialistas, por um novo desconhecimento idealista da natureza humana e tornada sem valor para a aplicação.

A linha de observação que quiser acompanhar o papel de um Supereu nos fenômenos do desenvolvimento da cultura me parece prometer muitos outros esclarecimentos. Vou me apressar para concluir. No entanto, há uma questão da qual dificilmente posso me esquivar. Se o desenvolvimento da cultura tem uma semelhança tão ampla com o desenvolvimento do indivíduo e trabalha com os mesmos meios, não seria justificado diagnosticar que muitas culturas – ou épocas da cultura – e possivelmente toda a humanidade – teriam se tornado "neuróticas" sob a influência dos anseios culturais? Ao desmembramento analítico dessas neuroses poderiam se ligar recomendações terapêuticas que teriam o direito a um grande interesse prático. Eu não saberia dizer se uma tentativa como esta de transferir a Psicanálise à comunidade de cultura seria insensata ou condenada à esterilidade. Mas seria preciso ser muito cauteloso e não se esquecer de que, no entanto, trata-se apenas de analogias e de que não é apenas perigoso para seres humanos, mas também para conceitos, serem arrancados da esfera em que surgiram e em que se desenvolveram. Além disso, o diagnóstico das neuroses de comunidade se depara com uma dificuldade especial. O que na neurose individual nos serve de primeiro apoio é o contraste no qual o doente se retira do seu ambiente supostamente "normal". Um pano de fundo como esse deixa de existir em uma massa afetada por um mesmo distúrbio, ele teria de ser buscado em outro lugar. E, no que diz respeito à utilização terapêutica dessa visão, o que ajudaria a análise mais adequada da neurose social, se ninguém possui a autoridade de impor a terapia à massa? Apesar de todas essas dificuldades, estamos no direito de esperar que um dia alguém assuma o desafio de uma Patologia de tais comunidades culturais.

Está muito longe de mim, pelos mais diversos motivos, fazer uma avaliação da cultura humana. Esforcei-me por manter afastado de mim o preconceito entusiástico de que a nossa cultura seria o bem mais precioso que possuímos e que podemos adquirir, e que o seu caminho teria de nos conduzir, necessariamente, a alturas de perfeição inimaginável. Posso pelo menos ouvir, sem indignação, o crítico que pensa que, se considerarmos as metas do anseio cultural e os meios dos quais ele se serve, teríamos de chegar à conclusão de que todo o esforço não vale a pena e que o resultado só poderia ser um estado que o indivíduo teria que achar intolerável. Minha imparcialidade me é facilitada pelo fato de que sei muito pouco sobre todas essas coisas, e com certeza sei apenas que os julgamentos de valor dos seres humanos são dirigidos absolutamente por seus desejos de felicidade, que são, portanto, uma tentativa de apoiar as suas ilusões com argumentos. Eu entenderia muito bem se alguém destacasse o caráter inevitável da cultura humana, e se, por exemplo, dissesse que a inclinação para a restrição da vida sexual ou para a instituição do ideal de humanidade às custas da seleção natural seriam orientações de desenvolvimento que não se deixam dissuadir nem desviar, e diante das quais o melhor seria nos curvarmos, como se fossem necessidades da natureza. Também conheço a objeção a isso, a de que esses anseios, considerados insuperáveis, foram, no curso da história da humanidade, frequentemente desprezados e substituídos por outros. Então, falta-me a coragem para me erguer diante de meus semelhantes como profeta e curvo-me diante de sua repreensão de que não sou capaz de lhes trazer nenhum conforto, pois é isto que, no fundo, todos exigem, o mais selvagem revolucionário não menos apaixonadamente do que os mais obedientes devotos piedosos.

A questão do destino da espécie humana parece-me ser a de saber se, e em que medida, o seu desenvolvimento cultural será bem-sucedido em dominar a perturbação trazida à sua vida em comum através da pulsão humana de agressão e de autodestruição. Talvez, em relação a isso, a época presente mereça precisamente um interesse especial. Os seres humanos chegaram agora tão longe na dominação das forças da natureza que, com sua ajuda, seria fácil exterminarem-se uns aos outros até o último homem. Eles sabem disso, e é daí que vem boa parte de sua atual inquietação, de sua infelicidade e de seu ânimo amedrontado. E agora é preciso esperar que o outro dos dois "poderes celestiais", o eterno Eros, faça um esforço para se afirmar na luta contra seu adversário também imortal. Mas quem pode prever o êxito e o desfecho?[50]

---

[50] A última frase foi acrescentada a partir da edição de 1931. (N.E.)

Glossário

De forma não exaustiva, apresentamos aqui um glossário com os principais conceitos psicanalíticos mobilizados por Freud ao longo de *O mal-estar na cultura*.

PULSÃO – Exigência de trabalho que o corpo faz ao psiquismo. O conceito de pulsão é um dos conceitos mais fundamentais da psicanálise. Trata-se de um conceito fronteiriço entre corpo e psiquismo, ou, nas palavras de Freud, como "o representante psíquico dos estímulos oriundos do interior do corpo que alcançam a alma".[51] Uma pulsão pode ser decomposta em 4 componentes principais: (1) a *pressão*, que designa o fator motor e constante da pulsão, e que, portanto, a diferencia do impulso, que é momentâneo; (2) a *meta*, que é sempre a satisfação, embora muitas vezes as pulsões possam ser "inibidas em sua meta"; (3) o *objeto*, que é o que torna possível a satisfação pulsional, sendo o elemento mais variável, porque muda de indivíduo a indivíduo, e que, portanto, melhor distingue as pulsões em

---

[51] Freud, Sigmund. *As pulsões e seus destinos*. Belo Horizonte: Autêntica, 2013. p. 25.

relação aos instintos, determinados biologicamente para a espécie; e (4) a *fonte*, que é sempre uma parte do corpo, o que sugere o porquê de pulsões serem sempre parciais e nunca totais. Em *O mal-estar na cultura*, pulsão é um dos conceitos fundamentais, já que a hipótese central do livro é a de que a cultura se apoia na renúncia pulsional.

PULSÃO DE MORTE, PULSÃO DE AGRESSÃO, PULSÃO DE DESTRUIÇÃO – O conceito de pulsão de morte foi formalmente introduzido na psicanálise em *Além do princípio de prazer*. Trata-se de um dos conceitos mais controversos, e também mais decisivos, da psicanálise. As pulsões de morte designam o conjunto de pulsões que se opõem às sexuais, sendo caracterizadas por uma tendência a restabelecer um estado anterior, reduzindo tensões psíquicas ao máximo, tendendo, portanto, virtualmente, ao retorno ao inorgânico. De modo geral, a hipótese das pulsões de morte busca oferecer um quadro explicativo para dar conta do fenômeno da compulsão à repetição, isto é, tenta compreender perguntas tais como: por que repetimos comportamentos e atitudes que sabemos que nos causam desprazer ou nos fazem mal? As pulsões de morte, quando dirigidas não mais apenas ao próprio sujeito, mas ao exterior, podem se expressar como pulsões agressivas ou pulsões de destruição.

RECALCAMENTO, REPRESSÃO – O recalcamento (*Verdrängung*) e a repressão (*unterdrückung*) são os dois principais mecanismos de defesa que culminam em algum tipo de renúncia pulsional. Opõem-se, de diferentes maneiras, à meta pulsional de satisfação. Em Freud, nem sempre a distinção terminológica entre recalcamento e repressão é observada de maneira homogênea. De modo geral, o mecanismo da repressão está mais ligado a normas, proibições e interditos que podem variar de cultura a cultura ou de um momento histórico a outro, não sendo necessariamente um processo inconsciente. Por seu turno, o recalcamento designa um mecanismo eminentemente inconsciente através do qual um sujeito repele uma satisfação pulsional ameaçadora. O recalcamento caracteriza-se ainda pelo retorno do recalcado sob a forma de sintomas, principalmente nas neuroses.

ISSO, EU, SUPEREU – Três instâncias psíquicas principais. O Isso (*das Es*, muitas vezes traduzido como "Id") designa o polo pulsional da subjetividade, porção mais indeterminada e menos organizada, em que pulsões contraditórias podem coexistir. Define-se, geralmente, em oposição ao Eu. O Eu (*das Ich*, mal traduzido por "Ego") é a instância psíquica que busca unificar nossa subjetividade. O Eu é pressionado a partir de 3 lados: o Isso reivindica satisfação pulsional; o Supereu exige renúncia; e a realidade exige adaptação. O Eu não é uma instância originária, mas é construída através de processos ligados principalmente ao narcisismo e à subjetivação do corpo próprio. O Supereu é a terceira instância psíquica, também mais tardia na constituição subjetiva, sendo às vezes descrita como herdeira do complexo de Édipo, sendo responsável pela incorporação das interdições e leis sociais e culturais tais como filtradas pelo núcleo cuidador da criança, seja esse núcleo constituído pelo par parental ou por outros arranjos. Exerce, de maneira geral, funções críticas em relação ao Eu e manifesta-se sob a forma de imperativos, tanto no sentido clássico de interdição quanto no sentido moderno de exigência imperativa de gozo para além do princípio de prazer.

SUBLIMAÇÃO – Um dos destinos pulsionais descritos por Freud, a sublimação designa um processo no qual pulsões se realizam sem passar pela etapa intermediária do recalcamento, assim como o processo físico em que o sólido se transforma em gás sem passar pelo estágio líquido. Nesse processo, a pulsão perderia seu caráter sexual para realizar-se em atividades "mais elevadas". Esse processo de dessexualização pulsional contudo não é mais do que um destino no qual a origem sexual da pulsão torna-se irreconhecível diante das metamorfoses da libido e da plasticidade pulsional.

Este livro foi composto com tipografia Adobe Garamond Pro e impresso em papel Off-White 70 g/m² na Formato Artes Gráficas.